Silke Brand

# Vergiss dein nicht

Silke Brand

# Vergiss dein nicht

## Authentisch leben

KREUZ

www.kreuz-verlag.de

Umschlaggestaltung: [rincón]² medien gmbh, Köln
Umschlagmotiv: © Corbis
Autorenfoto: © Together Productions

Satz: de·te·pe, Aalen
Herstellung: CPI – Clausen & Bosse, Leck

Gedruckt auf umweltfreundlichem, chlorfrei gebleichtem Papier
Printed in Germany

ISBN 978-3-7831-3430-8

# Inhalt

# Vergiss Dein nicht – Warum eigentlich?

*I've been to paradise*
*But I've never been to me*
Randy Crawford

Stirnrunzeln bis offenes Unverständnis erntete ich bislang oft, wenn ich meine Klienten im ersten Gespräch danach fragte, wie viel sie täglich trinken, ob sie regelmäßig und ausgewogen essen, ob sie einen erholsamen Schlaf haben und sich regelmäßig bewegen. Was habe das denn, bitteschön, mit Psychotherapie zu tun?

Sehr viel! Viele Menschen, denen ich beruflich begegnet bin, hatten sich selbst verloren – an ganz unterschiedlichen Punkten – und darüber Symptome entwickelt: Schmerzen, Ängste, Depressionen, Burnout oder Zwangsrituale. Viele von ihnen waren so erschöpft, dass sie keinen klaren Gedanken fassen konnten, unterzuckert, weil sie »vergessen« hatten zu essen oder es anderen Dingen untergeordnet hatten, litten unter Rückenschmerzen, weil sie »keine Zeit hatten, sich zu bewegen« oder hatten Konzentrationsprobleme, weil sie schon lange nichts mehr getrunken hatten.

Im großmütterlichen Rat, »abzuwarten und Tee zu

trinken« oder »eine Nacht drüber zu schlafen« steckt mehr Weisheit, als manchem lieb ist, schließlich wird unser Stresspegel neben psychischen Faktoren auch von unserem physiologischen Zustand beeinflusst: Je fitter, desto weniger stressanfällig sind wir.

Doch wie bekommt man heraus, ob man gerade hungrig ist, durstig oder müde? Genau darin liegt oft das Problem – dazu braucht man einen guten Draht zum eigenen Körper.

Dieser »gute Draht« lässt sich mit sogenannten Achtsamkeitsübungen auf- bzw. ausbauen! Mit Hilfe von Selbstbeobachtung lassen sich aktuelle körperliche, aber auch gedankliche und emotionale Zustände wahrnehmen, die im normalen Alltag oft untergehen oder einfach »wegpriorisiert« werden. Konkrete Übungen zum achtsamen Wahrnehmen Ihrer aktuellen Befindlichkeit finden Sie in den Kapiteln *Koffer packen* und *Wenn es nur nach mir ginge.*

Erweitern wir das Thema Grundbedürfnisse über Essen, Trinken, Schlafen und Bewegen hinaus, so kommen wir automatisch zum Thema Persönlichkeit. Die Analyse eigener typischer Grundbedürfnisse liefert wichtige Informationen für eine Art »Pflegeanleitung in Bezug auf Bedürfnisse«. Sie hilft dem Einzelnen, sich selbst – so wie man ist – zu erkennen und zu akzeptieren. Diese Erkenntnis ermöglicht sowohl eine bessere Selbst-Fürsorge als auch einen befriedigenderen Umgang mit anderen. Die Wahrscheinlichkeit, dass die eigenen Bedürfnisse erfüllt werden, steigt enorm, wenn man sie selbst kennt und akzeptiert!

! Daraus folgt: Sich nicht zu vergessen, macht satt und zufrieden.

»Trotz ist das Gegenteil von wirklicher Unabhängigkeit«, bemerkte schon *Max Frisch* in seinem Roman »Stiller«. Wie oft tun wir etwas erst recht nicht, weil wir glauben, dass es von uns erwartet wird bzw. früher erwartet wurde? Oder wie oft tun wir etwas, weil wir glauben, wir müssten es tun?

Manchmal wird dabei der Blick auf das verstellt, was wir, hätten wir die freie Wahl, selbst entscheiden würden. Wirkliche Unabhängigkeit heißt, frei zu entscheiden, wie man reagieren möchte. Im Zweifelsfall *obwohl* jemand anderes, z.B. die Mutter oder der Partner, es auch will. Dazu ist es hilfreich, sich der Muster, die uns seit der Kindheit begleiten, bewusst zu sein. Denn zumeist automatisiertes, ja reflexhaftes Denken, Fühlen und Handeln können wir in bewusstes Denken, Fühlen und Handeln verwandeln. Mit konkreten Übungen können Sie Ihre Muster aufspüren, untersuchen, akzeptieren oder umgestalten, so dass Sie sich freier und zufriedener in Ihrem Leben bewegen können (Kapitel *Ich denke, also bin ich …* und *Wer vor seiner Vergangenheit flieht, verliert immer das Rennen*).

! Sich nicht zu vergessen, spart Kraft und befreit.

Wenn Menschen zu mir in die Praxis kommen, klingen die Aufträge an mich als Verhaltenstherapeutin in der Regel so: »Verändern Sie mich« oder »Verändern Sie die Situation« oder »Verändern Sie meinen Partner«. Als Berufsanfängerin folgte ich nur allzu schnell diesem Auftrag und therapierte zusammen mit dem Klienten (manchmal auch ohne) munter drauf los. Spätestens während meiner Lehrjahre in der Psychiatrie stellte ich fest, dass Veränderung nicht immer, nicht immer sofort und schon gar nicht unbegrenzt möglich ist. Ich fing an, eine Demut vor Krankheit, Persönlichkeit und Eigenarten zu entwickeln und strich das Wort »normal« aus meinem Wortschatz.

Im Rahmen meiner Arbeit mit Menschen mit Borderline-Persönlichkeit, bei denen ein zentrales Muster die Auf- und Abwertung von Menschen ist, kam ich mit dem Konzept der Validierung in Berührung.

Wenn »valide« gültig heißt, so bedeutet »validieren«, das, was ist, zunächst einmal »nur« wahrzunehmen, als gültig zu respektieren und nicht zu bewerten (s. auch Kapitel *Koffer packen*). Interessanterweise funktioniert Veränderung über diesen Umweg oft sehr gut, denn: Erst, wenn ich etwas wirklich bewusst wahrgenommen und kennengelernt habe, sei es eine Eigenschaft, eine Situation oder eine Person, kann ich beurteilen, welche Teile davon ich beibehalten und wovon ich mich bewusst verabschieden möchte.

**!** Sich nicht zu vergessen, ermöglicht Weiterentwicklung.

Was für die inneren Konturen gilt, gilt selbstverständlich auch für die äußeren. Was, werden Sie vielleicht jetzt entsetzt denken, eine Psychotherapeutin schreibt über das Äußere?!? Ist die nicht für die inneren Werte zuständig? Ja und nein – das eine geht nicht ohne das andere. Wahre Zufriedenheit zeichnet sich auch im Äußeren ab. Ein passendes Outfit transportiert unser wahres Wesen nach außen.

Im Rahmen meiner Tätigkeit beim Fernsehen war ich selbst in der glücklichen Lage, mich in diversen Outfits, mit unterschiedlichsten Stimmungen, mit Kopfschmerzen oder ohne, langen Haaren und kürzeren bewusst anschauen zu können. So konnte ich viel über mich und meine Ausstrahlung unter verschiedenen Bedingungen lernen und für mich nutzen. Diejenigen Klienten, die sich überwinden und von meinem Video-Feedback-Angebot Gebrauch machen, können dies bestätigen. Viele Menschen schauen gar nicht »wirklich« hin, wenn sie sich im Spiegel sehen oder an einem Schaufenster vorbeikommen. Meistens geht der Blick gezielt auf bestimmte »Defizite«, wie den »dicken Hintern« oder »die zotteligen Haare« – und dann schnell wieder weg.

Erst beim bewussten Hinschauen ohne Bewertung, mit einer validierenden Haltung sich selbst und seinem Körper gegenüber lernt man sich selbst und sein Äußeres *wirklich* kennen.

Je klarer Sie Ihre Konturen kennen, desto eher können Sie Ihre wahre Gestalt nach außen zeigen – und entscheiden, was Sie unterstreichen möchten. Übungen dazu finden Sie im Kapitel *Spieglein, Spieglein an der Wand.*

**!** Sich nicht zu vergessen, macht sichtbar.

So, vielleicht ist die Frage, warum es gut ist, sich nicht zu vergessen, sondern sich auf verschiedenen Ebenen und kontinuierlich »im Auge« zu behalten, nun zumindest in Ansätzen für Sie beantwortet.

Aber wie geht das, sich selbst im Auge zu behalten? Wie kommt man eigentlich bei sich selbst an?

Vorschläge für passendes Handgepäck zu dieser Reise finden Sie im folgenden Kapitel.

# Koffer packen – Hilfreiches Gepäck für Ihre Entdeckungsreise

Sie möchten eine Reise zu sich selbst machen? Dann habe ich eine gute und eine schlechte Nachricht für Sie.

Die schlechte: Das genaue Ziel können Sie jetzt noch nicht kennen.

Die gute: Den Kompass haben Sie immer bei sich – das sind Sie selbst, Ihre Bedürfnisse, Erfahrungen, Ziele und Visionen.

Kein anderer Mensch ist so wie Sie. Sie sind einzigartig, und diese Einzigartigkeit gilt es, in den verschiedenen Facetten zu erkennen. Erst wenn Sie Ihre volle Größe erkannt haben, können Sie sie auch leben. Diese Reise könnte sich also wirklich lohnen!

Damit Ihre Expedition von Erfolg gekrönt ist, habe ich ein paar Empfehlungen für Ihr Reisegepäck. Diese beziehen sich vor allem auf das WIE, also die Art, mit der Sie sich selbst nähern.

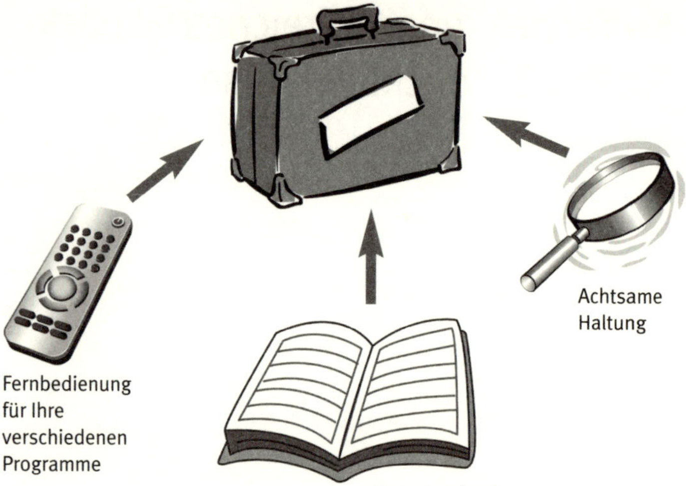


## 1. Tipp fürs Reisegepäck: Nehmen Sie sich etwas zu schreiben mit.

*Warum?*

*»Wenn jemand eine Reise tut, so kann er was verzählen«*, stellte nicht nur Matthias Claudius in seinem Gedicht »Urians Reise um die Welt« fest.

Sie werden vielfältige und aufschlussreiche Beobachtungen auf Ihrer Selbsterfahrungsreise machen. Schreiben Sie sie auf!

Manche Entdeckungen werden erst durch das Aufschreiben begreifbar, andere wirken beim zweiten und dritten Lesen nach.

Aufschreiben bedeutet erfassen können, Kontrolle haben, Distanz bekommen.

Wenn Sie Ihre Beobachtungen aufschreiben, sorgen Sie für Nachhaltigkeit. Wie ist das gemeint? Erinnern Sie sich an das letzte Mal, als Sie Urlaubsfotos aus vergangenen Zeiten in der Hand hielten. Konnten Sie die Gefühle, Gedanken, Körperempfindungen spüren, die mit diesen Bildern verknüpft waren? In unserem Gehirn werden Erfahrungen in einer Art Netzwerk von Situationen, Gefühlen, Gedanken, Sinnes- und Körperempfindungen abgespeichert. Bei einer Erinnerung, z.B. durch Bilder oder eine bestimmte Musik oder einen Geruch, ist das komplette »Paket« von Erinnerungen mit einem Mal wieder ganz da.

Dieses Phänomen, das *klassische Konditionierung* genannt wird, können Sie sich zunutze machen. Wenn Sie vielleicht Jahre nach Ihrer Selbsterfahrungsreise Ihre Notizen anschauen, können Sie Ihre wichtigen Erfahrungen und Einsichten als komplettes »Paket« wieder aktivieren. So bleibt Ihr Schatz lebendig!

Gerade, wenn Sie (wie alle anderen Menschen auch) im Alltag immer wieder abgelenkt werden von sich selbst, kann so ein Büchlein Ihnen helfen, immer wieder, wenn Sie eine Lücke finden, an das Erlebte anzuknüpfen.

Wichtig: Gewährleisten Sie bitte, dass kein anderer Mensch Zugang zu Ihren privaten Aufzeichnungen hat, denn nur dann trauen Sie sich, Ihre Erkenntnisse möglichst ungefiltert niederzuschreiben.

## 2. Tipp fürs Reisegepäck: Legen Sie sich eine achtsame Haltung zu.

Was bedeutet achtsam sein?

Achtsam sein heißt …
- … im Moment ganz da zu sein.
- … neugierig zu beobachten, was ist.
- … zu beschreiben statt zu bewerten.

Achtsam sein heißt *nicht* …
- … sich Gedanken um Zukünftiges zu machen, z. B. in Form von Sorgen oder Plänen.
- … über Vergangenes nachzudenken oder zu grübeln.
- … zu bewerten.

Warum empfehle ich Ihnen Achtsamkeit für Ihr Reisegepäck?

Mithilfe von Achtsamkeitsmethoden lernen Sie, sich auf den Moment zu fokussieren. Dadurch ermöglichen Sie ein bewusstes Wahrnehmen dessen, was ist.

Dies können z. B. körperliche/physiologische Zustände sein, wie Hunger, Durst, Verspannungen, Schmerzen, oder emotionale Zustände, wie Angst, Traurigkeit, Scham, Wut, oder auch Gedanken und Bewertungen.

In einem achtsamen Zustand bewegen Sie sich frei von Bewertungen. Die achtsame Haltung ist neugierig, nicht-wertend und ergebnisoffen.

Erst durch einen nicht-wertenden, klaren Blick auf das,

was ist, können Sie sich wirklich ein Bild machen von sich selbst als Person.

Da Sie – wie alle anderen auch – ein sich permanent verändernder Organismus sind, trägt eine kontinuierliche Achtsamkeitspraxis dazu bei, sich selbst (und die Welt) in verschiedensten Facetten »fair« zu erfassen. Wie schnell sind wir im Alltag geneigt, uns selbst und andere in Schubladen zu stecken und mit Eigenschaften in Form von Etiketten zu versehen (Ich bin nicht sportlich, der ist schüchtern usw.)! Aber es ist eben immer nur ein Bild, also der Versuch einer Form und damit eine begrenzte Wahrnehmung der Realität.

Viele achtsame kleine Momente wachsen zu einer achtsamen (= aufmerksamen = fairen) Haltung sich selbst gegenüber!

! Achtsamkeit hat sich in meiner bisherigen Praxis als wertvolle Basiskompetenz herausgestellt, innere und äußere Situationen wirklich, d.h. genau, aktuell und fair zu erfassen. Deshalb mein Tipp: Eine achtsame Haltung unbedingt mitnehmen auf die Entdeckungsreise zu sich selbst!

*Wie funktioniert Achtsamkeit?*

Die Methoden, mit denen Sie Ihre Achtsamkeit schärfen können, sind leicht erlernbar: Sie richten Ihre Aufmerksamkeit »einfach« auf etwas, was eigentlich immer bei Ihnen ist, z.B. auf Ihren Atem, Ihren Körper oder die Wahrnehmungen über Ihre fünf Sinneskanäle: sehen, hören, riechen, schmecken, tasten.

Der Atem spielt hierbei eine zentrale Rolle: Mit der Fokussierung auf Ihren aktuellen Atemzug können Sie sich jederzeit »in den Moment zurückholen«.

Denn das ist die eigentliche Herausforderung beim Praktizieren von Achtsamkeit: Immer wieder zur Aufgabe zurückzukehren und Gedanken, Gefühle oder Körperempfindungen, die zwischendurch auftauchen, wahrzunehmen und nicht zu bewerten.

! »It's simple but not easy!« Das sagte einmal ein buddhistischer Mönch zu mir, der diese Praxis täglich seit vielen Jahren übt. Und ich finde, er hat Recht!

Probieren Sie es einmal aus:

## Übung: Atem-Meditation

Setzen Sie sich bequem hin. Sorgen Sie dafür, dass Sie für 5–10 Minuten ungestört sind (Telefone und Klingeln ausstellen!). Stellen Sie sich am besten einen Wecker und schließen Sie Ihre Augen.

- Richten Sie Ihre Aufmerksamkeit auf Ihren Bauch, während Sie durch die Nase ein- und wieder ausatmen. Achten Sie auf den Unterschied zwischen Ihrer Ein- und Ihrer Ausatmung.

- Sie können Ihre Aufmerksamkeit zusätzlich auf Ihren Atem fokussieren, indem Sie beim Einatmen »Ich atme ein« und beim Ausatmen »Ich atme aus« denken.

Fragen Sie sich anschließend: Was habe ich in den letzten Minuten erlebt? Was habe ich beobachtet? Sind meine Gedanken abgeschweift? Habe ich mich darüber geärgert? Habe ich dies wahrgenommen? Konnte ich dann irgendwann wieder zur Aufgabe zurückkehren?

---

Wichtig: Bei den Achtsamkeitsübungen gibt es kein richtig und falsch – alles, was da ist, können Sie beobachten – sei es die Unlust, diese Übung zu machen, die To-Do-Listen, die Ihnen durch den Kopf gehen, Ihren Ärger, dass Ihnen so viele Gedanken durch den Kopf gehen, die Bewertung, dass Sie die Aufgabe nicht richtig hinkriegen oder lieber etwas anderes mit Ihrer Zeit anfangen würden, oder vielleicht Gefühle oder Körperempfindungen.

Tipps zum Üben:

- Schlüpfen Sie in die Rolle eines außerirdischen Wissenschaftlers, der voller Neugier beobachtet, was ihm noch nie in seinem Leben begegnet ist: Körperempfindungen, Atem, Gedanken und Gefühle.
- Oder stellen Sie sich vor, Sie seien ein Taucher, der beim Untertauchen und Hinsehen plötzlich all die Vielfalt

unter der Meeresoberfläche entdeckt, die bereits schon vorher – ganz unbemerkt – da war.

- Beobachten und staunen Sie!
- Nehmen Sie Ihre Gedanken und Körperempfindungen wahr und lassen Sie sie wieder ziehen, wie eine Wolke am Himmel oder ein Blatt, das auf einem Fluss treibt. Je mehr Sie sich über etwas, wie einen Gedanken, ein Gefühl oder eine Körperempfindung aufregen, desto mehr wird es sich festsetzen.
- Übrigens: Auch Bewertungen wie »Ist das eine langweilige Übung« oder »Meine Hose ist zu eng. Ich sollte weniger essen!« sind Gedanken, die Sie einfach beobachten können.
- Für den Alltag: Auch wenn Sie keine zehn Minuten Zeit finden für diese Übung – nutzen Sie von außen vorgegebene Pausen, wie z. B. eine rote Ampel, für den »neugierigen« Blick nach innen! So bleiben Sie mit sich selbst in Kontakt. Fragen Sie sich in solchen Momenten: Was ist gerade in meinem Körper / in meiner Gedanken- / in meiner Gefühlswelt los?

Weitere Übungen zum Training der Achtsamkeit finden Sie in den folgenden Kapiteln, jeweils passend zum Thema.

## 3. Tipp fürs Reisegepäck: Erkennen Sie, dass Sie wie ein Fernseher sind, in dem verschiedene Parallelprogramme laufen.

Diese Programme heißen bei Ihnen nicht ARD, ZDF, RTL und SAT 1, sondern *Gedanken, Gefühle, Körperempfindungen, Hormonhaushalt, Körpertemperatur usw.* Ihre Gemeinsamkeit mit einem Fernseher ist: Die Programme laufen parallel, unabhängig von Ihrem Willen. Sie können sich in jeweils nur ein Programm »hineinschalten«, um zu sehen, was dort läuft. Gleichzeitig wissen Sie, dass die anderen Programme parallel weiterlaufen.

*Warum empfehle ich Ihnen diese Erkenntnis für Ihr Reisegepäck?*

Auf diese Frage lasse ich zwei Mäuse aus einem Comic von Uli Stein antworten:

*Mäusefrau: »Sprich doch mal über deine Gefühle!« –*
*Mäusemann: »Ich habe das Gefühl, es gibt heute noch Regen.«*

Nicht nur, dass die Verwechslung von Gedanken und Gefühlen häufig Unfrieden zwischen (Mäuse-)Männern und Frauen stiftet – nein, meine Überzeugung ist: Wenn Sie Gefühle von »Pseudo-Gefühlen«, also von Gedanken und Körperempfindungen unterscheiden können, sind Sie in verschiedener Hinsicht klar im Vorteil:

- Sie verstehen sich selbst und Ihre Handlungsimpulse besser, denn Gefühle haben die biologische Funktion, Sie auf bestimmte Handlungen vorzubereiten.
- Sie erhöhen damit die Wahrscheinlichkeit, dass Sie Ihren aktuellen Bedürfnissen gerecht werden.
- Sie können sich selbst anderen genauer mitteilen und damit die Wahrscheinlichkeit erhöhen, dass man Sie versteht.

Im Folgenden schauen wir uns zusammen die Programme an, die für Ihre Selbsterfahrungsreise eine wichtige Rolle spielen werden: Gefühle, Gedanken und Körperempfindungen.

### *Welche Gefühle gibt es?*

Aus Kulturvergleichen weiß man, dass es universelle Gefühle, sogenannte Emotionen gibt, die unabhängig von der Kultur in allen menschlichen Völkern auftauchen und mit charakteristischen Körperreaktionen und Gedanken verknüpft sind. Man vermutet bei ihnen jeweils einen bestimmten biologischen Sinn, da sie zum Urbestand unseres Erbguts gehören und über Millionen von Jahren weitervererbt wurden. Dieser Sinn ist heute noch zu erahnen durch den unmittelbaren Handlungsimpuls, den wir bei einer Emotion verspüren. Folgende Basis-Emotionen gibt es:

- *Freude* (Handlungsimpuls: Jubel, Wiederholung)
- *Liebe* (Handlungsimpuls: Annäherung)
- *Überraschung* (Handlungsimpuls: Innehalten)
- *Wut/Ärger* (Handlungsimpuls: Aggression)
- *Angst* (Handlungsimpuls: Flucht)
- *Traurigkeit* (Handlungsimpuls: Rückzug)
- *Ekel* (Handlungsimpuls: Abwenden)
- *Scham* (Handlungsimpuls: Verstecken)

»Es gibt doch viel mehr Gefühle!« werden Sie sagen. Und Sie haben Recht!

In der folgenden Tabelle habe ich häufig beschriebene Gefühlszustände den Basis-Emotionen zugeordnet (s. auch Fritsch 2009):

| *Basis-Emotion* | *Verwandte Gefühle* |
|---|---|
| *Freude* | Optimismus, Glück, Leichtigkeit, Begeisterung, Erfülltsein, Stolz, gute Laune, Zuversicht, Flow, Zufriedenheit, Genuss, Euphorie, Übermut, Heiterkeit |
| *Liebe* | Zuneigung, Anziehung, Erotik, Leidenschaft, Lust, Dankbarkeit, Geborgenheit, Mitleid, Mitgefühl, Zärtlichkeit, Verlangen, Begehren |
| *Überraschung* | Erstaunen, Irritation, Verwunderung |

| *Basis-Emotion* | *Verwandte Gefühle* |
|---|---|
| *Wut/Ärger* | Genervtsein, Groll, Gereiztsein, Zorn, Hass, Feindseligkeit, Verbitterung, Ablehnung, Empörung, Entrüstung, Aufgebrachtsein, Unzufriedenheit |
| *Angst* | Unsicherheit, Hemmungen, Hilflosigkeit, Angespanntheit, Erstarrung, Nervosität, Vermeidung, Unwohlsein, Vorsicht, Sorge, Verlegenheit, Entsetzen |
| *Traurigkeit* | Bedrücktsein, Bedauern, Niedergeschlagenheit, Verzweiflung, Betroffenheit, Enttäuschung, Frustration, Deprimiertheit, Wehmut, Sehnsucht |
| *Ekel* | Abneigung, Abscheu, Unwohlsein, Fassungslosigkeit, Widerwillen, Verachtung, Überdruss, Befremden, Entsetzen |
| *Scham* | Schuldgefühle, Peinlichkeit, Unsicherheit, Verlegenheit, Reue, Isolation, Einsamkeit, Fremdheit, Befangenheit, Bedauern, Bedrücktsein |

Bei der Identifizierung Ihrer Gefühle können Sie auch die parallel laufenden Körperempfindungen und Gedanken als Informationen heranziehen – aber Vorsicht: nicht mit dem Gefühl verwechseln (siehe auch das Wetter-Gefühl aus unserem Mäuse-Beispiel)!

Körperempfindungen oder gedachte Sätze lassen sich manchmal leichter aufspüren und benennen als Gefühle. In der nächsten Tabelle finden Sie Beispiele für häufig vorkommende Körperempfindungen bzw. Gedanken bei verschiedenen Gefühlen:

| *Basis-Emotion* | *Typische Körperempfindungen* | *Typische Gedanken* |
|---|---|---|
| *Freude* | Lächeln/Lachen, Herzklopfen, innere Wärme, inneres Kribbeln, Kraft, Schwung, Energie, lebhafte Bewegungen | Das ist mir gut gelungen. Wie schön! Wie angenehm! Wie lustig! Es geht mir gut! |
| *Liebe* | Lächeln, körperliche Leichtigkeit, innere Wärme, muskuläre Entspanntheit, Weichheit in den Gesichtszügen, Weitegefühl in der Herzgegend | Ich mag ...! ... mag mich! Etwas an ... ist schön! Ich bin wichtig für ...! Ich fühle mich in der Anwesenheit von ... wohl! |
| *Überraschung* | Plötzliche Erregung, Atemstocken, körperliches Erstarren, Stirnrunzeln | Nanu? Was soll das denn mit einmal? Das hätte ich nicht gedacht! Das kam aber unerwartet! So eine Überraschung! |
| *Wut/Ärger* | Innere Hitze, Röte im Gesicht, harte Augenregion, zusammengebissene Lippen, Anspannung, Schwitzen, ruckartige Bewegungen, Druck, Energie | Das kann doch wohl nicht wahr sein! Das ist mein Recht! Jetzt reicht's! Idiot/Blödmann! Das ist unmöglich! |

| *Basis-Emotion* | *Typische Körperempfindungen* | *Typische Gedanken* |
|---|---|---|
| *Angst* | Anspannung, Herzklopfen, Schwitzen, Hitze oder Kälte, Kloß im Hals, Druck in der Brust, Magen-Darm-Beschwerden, Appetitlosigkeit, Kraftlosigkeit | O je! Das geht bestimmt schief. Das schaffe ich nicht. Das gibt eine Katastrophe. Das ist gefährlich! Ich könnte Schaden nehmen. |
| *Traurigkeit* | Kraftlosigkeit, hängende Mundwinkel, Tränen, Kloß im Hals, leises, langsames Sprechen, hängende Körperhaltung, Müdigkeit, Benommenheit | Ich bin einsam. Keiner mag mich. Schade! Ich bekomme … nicht. Ich habe es nicht geschafft. Das ist schlimm! Ich vermisse … . |
| *Ekel* | Übelkeit, Würgen, Erbrechen, Schweißausbrüche, weiche Knie, ablehnende Körperhaltung, verzerrter Gesichtsausdruck, Muskelanspannung | Bloß weg! Damit will ich nichts zu tun haben. Wie ekelhaft! Bah! Das ist das Allerletzte! |
| *Scham* | Hitze, Erröten, Vermeiden von Blickkontakt, Sprachlosigkeit, Weinen, Zusammensinken des Körpers, Lähmung, Kraftlosigkeit, Erstarren | Ich bin unzulänglich (z. B. dumm, langweilig, unattraktiv, den anderen unterlegen). Ich habe versagt. Ich habe etwas getan, das mir peinlich ist. |

Mit den folgenden Übungen können Sie die Fähigkeit trainieren, Ihre innere Fernbedienung zu benutzen. Sie üben, Ihre Aufmerksamkeit zu einem Zeitpunkt auf einen Kanal zu richten und einem Programm aufmerksam zu folgen: ihren Körperempfindungen (Übung *Bodyscan*), Gedanken (Übung *Gedankenlesen*) oder Gefühlen (Übung *Gefühls-Update*).

### Übung: Bodyscan

Setzen oder legen Sie sich bequem hin. Sorgen Sie dafür, dass Sie für 5–10 Minuten ungestört sind (Telefone und Klingeln ausstellen!). Stellen Sie sich am besten einen Wecker und schließen Sie Ihre Augen.

- Richten Sie Ihre Aufmerksamkeit zunächst für ein paar Atemzüge auf Ihren Atem. Achten Sie darauf, wie Sie ein- und ausatmen, und wie sich das in Ihrem Bauch und Brustkorb anfühlt.
- Lenken Sie nun Ihre Aufmerksamkeit auf Ihre Kopfhaut. Achten Sie darauf, wie sich die Haut auf Ihrem Kopf und die Verbindung zu Ihren Haaren anfühlt. Wandern Sie dann weiter mit Ihrer Aufmerksamkeit zu Ihrem Gesicht. Wie fühlen sich die Muskeln in der Stirn- und Augenregion an? Liegen Ihre Zähne leicht aufeinander oder spüren Sie Druck? Wie ist die Lage Ihrer Zunge?
- Gehen Sie nun weiter mit Ihrer Aufmerksamkeit zu

Ihren Schultern und Ihrem Nacken. Was können Sie beobachten? Fühlt sich diese Region eher verspannt oder locker an? Leicht oder schwer?

- Wie fühlen sich aktuell Ihre Arme, Ihre Hände an? Gehen Sie im Geist jeden einzelnen Finger durch.

- Jetzt beobachten Sie ein paar Momente Ihren Brustkorb, wie er sich hebt und senkt, wenn Sie ein- und ausatmen.

- Wandern Sie dann weiter die Wirbelsäule hinunter zum Bauch. Können Sie Ihren Magen spüren? Ihre Blase? Was beobachten Sie in der Beckengegend?

- Gehen Sie nun weiter mit Ihrer Aufmerksamkeit am Po entlang, Ihre Beine hinunter bis hin zu Ihren Füßen. Beobachten Sie Ihre Empfindungen in jedem einzelnen Zeh.

- Beobachten Sie Ihre Fußsohlen eine Weile und nehmen Sie dann Ihren Kontakt zum Boden und damit zum Raum, in dem Sie sich befinden, wahr.

- Beenden Sie die Übung, indem Sie Ihre Hände ein paar Mal zu Fäusten ballen, Ihre Arme anwinkeln und dann die Augen öffnen.

Wie haben Sie die letzten Minuten erlebt? Was haben Sie beobachtet?

Wie fühlt sich Ihr Körper jetzt im Vergleich zu vor der Übung an?

Haben Sie sich auf Ihren Körper konzentrieren können? Sind Ihnen Gedanken »dazwischengekommen«? Oder Gefühle? Haben Sie sich darüber geärgert? Haben Sie dies wahrgenommen? Konnten Sie dann irgendwann wieder zur Aufgabe zurückkehren? Die gute Nachricht: Bei dieser Übung kann man nichts falsch machen. Sie haben alles richtig gemacht!!

## Übung: Gedankenlesen

Setzen oder legen Sie sich bequem hin. Sorgen Sie dafür, dass Sie für 5–10 Minuten ungestört sind (Telefone und Klingeln ausstellen!). Stellen Sie sich am besten einen Wecker und schließen Sie Ihre Augen.

- Richten Sie Ihre Aufmerksamkeit zunächst für ein paar Atemzüge auf Ihren Atem. Achten Sie darauf, wie Sie ein- und ausatmen, und wie sich das in Ihrem Bauch und Brustkorb anfühlt.
- Fangen Sie nun an, Ihre Gedanken zu »lesen«: Stellen Sie sich vielleicht vor, dass Ihre Gedanken in den Sand geschrieben sind, und Sie schauen Sie sich an, bevor das Meer sie wieder wegwäscht.
- Stellen Sie sich Sprechblasen vor, wie in einem Comic.
- Hören Sie Ihren Gedanken zu: Welche Wörter und Sätze oder einfach nur Wortfetzen dringen aus Ihrem Inneren zu Ihnen hervor?

- Wenn Sie Gefühle oder Körperempfindungen wahrnehmen, dann registrieren Sie dies und lassen Sie sie einfach so stehen, wie wenn Sie mit einem Auto an einer Landschaft vorbeifahren.

Was haben Sie in den letzten Minuten beobachtet? Haben Sie einen Einblick in Ihre spannende und einzigartige Gedankenwelt bekommen? Konnten Sie eine Kostprobe Ihrer Gedanken nehmen, die Sie als »Dauerprogramm« unbemerkt ständig begleiten?

Wenn Sie Lust haben, schreiben Sie die Gedankenfetzen, die Sie erinnern, ungefiltert auf. Aber seien Sie sich sicher, dass dies nur ein Bruchteil Ihrer Gedankenwelt ist! Schauen Sie sich die Spitze Ihres gedanklichen Eisbergs an und staunen Sie!

---

! Ein guter Draht zu den eigenen Gedanken ist Gold wert: Gedanken sind die Bausteine von Überzeugungen, Glaubenssätzen und Schemata. Diese haben die Macht, Ihre Gefühle, Handlungen, Ihr Wohlbefinden und sogar Ihre Gesundheit zu beeinflussen! *Mehr dazu im Kapitel »Glaubenssätze«.*

## Übung: Gefühls-Update

Setzen oder legen Sie sich bequem hin. Sorgen Sie dafür, dass Sie für 5–10 Minuten ungestört sind (Telefone und Klingeln ausstellen!). Stellen Sie sich am besten einen Wecker und schließen Sie Ihre Augen.

- Richten Sie Ihre Aufmerksamkeit zunächst für ein paar Atemzüge auf Ihren Atem. Achten Sie darauf, wie Sie ein- und ausatmen, und wie sich das in Ihrem Bauch und Brustkorb anfühlt.
- Beobachten Sie nun Ihren aktuellen Gefühlszustand. Schauen Sie ganz genau hin! Versuchen Sie ihn genau zu erfassen. Finden Sie Worte für das, was Sie jetzt im Moment empfinden.
- Fragen Sie Ihren Körper nach Ihrem augenblicklichen Gefühl: Fühlen Sie sich eher stark und energetisiert? Oder eher schlapp und kraftlos? Eher kribbelig oder leer?
- Was möchten Sie am liebsten tun? Jubeln? Jemanden treffen? Sich verkriechen? Schlafen? Weinen? Sich wehren? Schreien? Sich entschuldigen?
- Welche Gedanken gehen Ihnen durch den Kopf? Beobachten Sie das, was gerade da ist. Bei dieser Aufgabe gibt es kein richtig und falsch.
- Benennen Sie Ihr Gefühl. Beobachten Sie, wie stark dieses Gefühl ist, ob sich die Intensität ändert, wenn Sie da-

rüber nachdenken. Vielleicht beobachten Sie auch mehrere Gefühle. Nehmen Sie genau wahr, was ist.

- Beenden Sie die Übung, nachdem Sie sich einen gründlichen Eindruck von Ihrer aktuellen Befindlichkeit verschafft haben. Hierzu wandern Sie mit Ihrer Aufmerksamkeit zu den Stellen, an denen Ihr Körper Kontakt zum Boden hat. Stellen Sie sich vor, dies sei Ihre »Erdung« und öffnen Sie dann im vollen Bewusstsein für den Raum, in dem Sie sich befinden, Ihre Augen.

Was haben Sie in den letzten Minuten beobachtet? Schreiben Sie alles genau auf!

Schreiben Sie einfach drauf los, ohne auf Rechtschreibung oder Grammatik zu achten. Gehen Sie anschließend die Tabellen noch einmal durch und prüfen Sie, ob Sie bei dem einen oder anderen Wort eine Resonanz spüren. Wenn ja, fügen Sie dieses Wort Ihren Aufzeichnungen hinzu.

Lesen Sie jetzt noch einmal Ihre Aufzeichnungen durch und ordnen Sie sie den Basis-Emotionen zu. Damit haben Sie die Koordinaten Ihres augenblicklichen Gefühlszustands ermittelt und können, wenn Sie wollen, passend darauf reagieren.

An dieser Stelle vielleicht interessant und entlastend für Sie: Selbst Mona Lisa hatte wahrscheinlich gemischte Gefühle, als sie Leonardo da Vinci Modell saß – das hat ein holländischer Wissenschaftler kürzlich herausgefunden. Seine Software zur Analyse von Gefühlen anhand von Gesichtsausdrücken hat ergeben, dass sie zu 83 Prozent glücklich, zu neun Prozent empört, zu sechs Prozent besorgt und zu zwei Prozent ärgerlich gewesen sei.

Meiner Ansicht nach sind Sie jetzt gut ausgestattet, um in Sachen Selbsterfahrung loszugehen.

Mit dem WIE haben Sie sich jetzt beschäftigt, jetzt kommt das WAS.

Freuen Sie sich auf die spannendste Reise, die es gibt und die Sie in keinem Reisebüro kaufen können!

# Spieglein, Spieglein an der Wand – Blicke auf Ihre äußere Erscheinung

*Ich sehe was, was du nicht siehst, und das bin ICH.*

Ein Selbsterfahrungsbuch, das sich mit der äußeren Erscheinung beschäftigt? Auf den ersten Blick unpassend? Unerwartet oberflächlich?

Nein, ganz im Gegenteil: Selbsterfahrung fängt mit der eigenen Erscheinung an: Die bewährten Selbsterfahrungsprinzipien »Hingucken statt weggucken«, »erst akzeptieren, dann verändern« lassen sich an diesem Thema wunderbar üben, denn: Bei kaum einem anderen Thema fällt Selbst-Akzeptanz so schwer wie bei der äußeren Erscheinung! Ganze Industriezweige leben davon: Sie versprechen schillernde Haarfarben, schönere Haut, eine andere Figur, für Mutige und Reiche sogar einen ganz anderen Körper.

## Ausstrahlung – was ist das?

Ausstrahlung ist das, was von Ihrem Wesen, von Ihrer Persönlichkeit, nach außen »strahlt« und damit für andere sichtbar wird. Ihre Ausstrahlung ist also das, was Ihre Umwelt von Ihnen zuallererst mitbekommt.

Viele Studien haben gezeigt, dass der erste Eindruck großen Einfluss auf die weitere Beziehungsgestaltung hat. Neuerdings weiß man auch, dass allein mit Hilfe von Fotos fremde Menschen in Bezug auf zentrale Charaktereigenschaften wie Extraversion und Selbstsicherheit treffsicher eingeschätzt werden können.

Die Ausstrahlung ist also mehr als nur eine äußere Hülle. Sie enthält Botschaften über unsere Persönlichkeit. Damit bildet sie die erste Grundlage für unseren Kontakt zu anderen Menschen.

*Was fangen Sie nun mit diesen Erkenntnissen an?*

Eine Möglichkeit ist, die eigene Ausstrahlung zu manipulieren, um ein bestimmtes Bild zu erfüllen, wie wir es z. B. aus Bewerbungsratgebern kennen.

Eine andere Möglichkeit: Sammeln Sie zunächst so viele *eigene* Erkenntnisse wie möglich über Ihre Ausstrahlung und lernen Sie somit mehr darüber, wie Sie auf dieser Welt »in Erscheinung treten«! Schauen Sie sich einmal selbst gründlich an, was die Welt von Ihnen sieht! Dann können Sie immer noch überlegen, ob Sie bestimmte Aspekte davon verändern möchten.

Ein konkreter Vorteil, den Sie davon haben könnten, ist, dass Sie sich womöglich die Reaktionen anderer Menschen auf Ihre Person besser erklären können. Hier ein paar Beispiele:

- Frau F. fällt beim Ansehen einer Videoaufnahme zum ersten Mal auf, dass sie sich beim Lachen die Hand vor den Mund hält. Sie hat nun eine Idee davon, warum sie von anderen als »zurückhaltend« oder »gehemmt« wahrgenommen wird.
- Herr H. bemerkt, dass seine Schultern hängen und er immer wieder den Blickkontakt mit der Kamera meidet. Möglicherweise könnte diese Ausstrahlung zu seiner geringen Resonanz bei anderen beitragen?
- Frau Z. sieht, wie sie unruhig auf ihrem Stuhl vor- und zurückrückt, während sie von sich erzählt. Sie nimmt sich als hektisch und unruhig war und kommt ins Nachdenken: Ist das nicht auch ihr Lebensgefühl? Ist sie deswegen oft so erschöpft?
- Herrn L. fällt bei der Betrachtung seines Gesichts im Spiegel auf, dass seine Stirn selbst bei neutralem Gesichtsausdruck in Falten liegt. Obwohl er denkt, er sei entspannt, ist er offensichtlich angespannt. Ob diese Erkenntnis ihm bei der Bewältigung seines Spannungskopfschmerzes behilflich sein kann?

An den Beispielen von Frau Z. und Herrn L. wird deutlich, dass ein »Blick von außen« uns manchmal auch Informationen bereitstellen kann, die uns »von innen« in dem Moment nicht zugänglich sind. Vielleicht kennen Sie dieses Phänomen aus Ihrem Alltag: Sind Sie auch schon mal mit dem Feedback »Du siehst aber fertig aus!« (1) oder »Wie Du heute strahlst!« (2) begrüßt worden, um dann erst darauf zu kommen, dass Sie eigentlich (1) miserabel geschlafen haben oder (2) richtig ausgeglichen und zufrieden sind?

*Wer feststellen will, ob er sich verändert hat,*
*der sollte zu einem Ort zurückkehren,*
*der unverändert geblieben ist ...*
Nelson Mandela

## Übung: Und täglich grüßt das Murmeltier

- Deponieren Sie einen Fotoapparat gut sichtbar in der Nähe Ihrer Wohnungstür.
- Fotografieren Sie jeden Tag Ihr Gesicht, bevor Sie Ihr Zuhause verlassen. Machen Sie dabei einen möglichst neutralen Gesichtsausdruck.
- Erstellen Sie am Ende einer Woche/eines Monats/eines Jahres eine Online-Diashow oder eine Fotocollage mit Ihren Porträts und genießen Sie Ihren Anblick!

Beim Betrachten der Bilder können Sie sich z.B. folgende Fragen stellen:

- Was bleibt von Foto zu Foto gleich? Wo sehen Sie Unterschiede?
- Wie ist Ihre Ausstrahlung bei unterschiedlichen Kleidungsfarben (für Frauen auch: Schminktechniken)?
- Schauen Sie bei einem Durchgang mal nur auf Ihre Haare: Wussten Sie schon, wie unterschiedlich sie liegen können?
- Sehen Sie Unterschiede zwischen den Jahreszeiten, z. B. an der Gesichtsfarbe?
- Sehen Sie Unterschiede zwischen den Wochentagen?
- Sehen Sie unterschiedlich ausgeschlafen aus oder immer gleich?
- Gibt es Hinweise auf unterschiedliche Stimmungen? Und wenn ja, welche? An welchen konkreten äußeren Merkmalen machen Sie Ihre Vermutungen fest?

---

! Wichtig: Lassen Sie Ihre Bewertungen ausnahmsweise einmal weg! Beim Thema Aussehen ist die Verlockung groß, ein Urteil zu fällen. Beim Betrachten von Aufnahmen der eigenen Person neigen viele Menschen zu sehr emotionalen und negativen Reaktionen: »O Gott, machen Sie das weg!«, »Wie fürchterlich!« oder »Wie peinlich!«. Aber: Je konsequenter Sie hingucken und »nur« beschreiben, desto mehr legt sich der Widerwille und wird von Neugier abgelöst.

**!** Mit dem Wissen über Ihre Ausstrahlung sind Sie klar im Vorteil: So können Sie im Alltag experimentieren: z.B. mit Ihrem Kleidungsstil, Ihrer Farbwahl, Ihrer Frisur. Fragen Sie sich: Welche Facette von mir möchte ich heute der Welt zeigen? Wie kann ich sie unterstreichen?

Ein Foto gibt Aufschluss über eine Menge äußerer Merkmale, wie z.B. Haar- und Gesichtsfarbe oder Gesichtsausdruck. Noch mehr Informationen hält selbstverständlich das bewegte Bild bereit: Tonlage, Lautstärke, Bewegungen, Mimik und Gestik kommen hinzu. Hierüber können Sie durch die folgende Übung mehr erfahren:

### Übung: Big Brother

- Lernen Sie sich im Alltag kennen: Lassen Sie bei alltäglichen Situationen eine Videokamera mitlaufen.
- Am besten mindestens eine Viertelstunde, denn Sie werden vielleicht eine Weile brauchen, bis Sie nicht mehr auf die Kamera reagieren, sondern sich wieder ganz natürlich verhalten. Meine Erfahrung sagt, dass selbst die kamerascheuesten Menschen ihre Befangenheit nach ca. zehn Minuten verlieren.

Spannende Alltagssituationen, in denen Sie sich selbst mit der Kamera beobachten könnten, sind z.B. beim

- Kochen
- Essen mit der Familie oder Freunden
- Telefonieren
- Arbeiten am Computer
- Spielen
- Lesen

Schauen Sie sich anschließend die Filme an, ohne sie zu bewerten. Sammeln Sie so viele Informationen wie möglich über sich selbst.

---

**!** Wenn Sie sich die Chance geben, erst einmal *wirklich* hinzusehen und die Bewertungen zur Seite zu stellen, können Sie viel Neues über sich entdecken.

Die folgende Übung stammt aus der Arbeit mit Menschen, deren Körperbild gestört ist. Wie kann das Bild vom eigenen Körper gestört sein? Indem man aufhört hinzugucken, sondern sich Vorstellungen davon macht, wie der Körper auszusehen hat bzw. wie man in seiner Erinnerung glaubt, dass er tatsächlich aussieht. Beugen Sie vor: Behalten Sie Kontakt zu Ihrem leibhaftigen Körper, indem Sie immer mal wieder genau hinsehen.

## Übung: Die nackte Wahrheit

Sorgen Sie für eine angenehme Atmosphäre (Beleuchtung, Duft, Temperatur). Stellen Sie sicher, dass Sie für mindestens 30 Minuten nicht gestört werden.

- Stellen Sie sich an einem ungestörten Ort unbekleidet vor einen Spiegel, in dem Sie sich ganz ansehen können.
- Beschreiben Sie nun, am besten laut, Ihren Körper mit einer neutralen Sprache. Stellen Sie sich dabei vor, Sie erzählen all dies einem Menschen, der Sie noch nie gesehen hat und Sie anschließend auf der Grundlage Ihrer Beschreibungen zeichnen soll.
- Vermeiden Sie Bewertungen und Interpretationen wie »Ich habe eine große Nase« oder »Jetzt kommt der dicke Bauch«.
- Verwenden Sie stattdessen objektive Begriffe wie Zentimeterangaben (»Mein Nasenbein ist ca. fünf Zentimeter lang«), Positionsbestimmungen (»Mein Bauch hat eine Wölbung unter dem Bauchnabel«), Farben, Formen (rund, oval, kantig, eckig, spitz, geschwungen), oder nutzen Sie Vergleiche (»Meine Hand ist so lang wie mein Gesicht«, »Mein Gesicht ist apfelförmig«).
- Gehen Sie dabei Schritt für Schritt vor: Beschreiben Sie Haare, Gesicht, Hals, Haut, Nacken, Schultern, Arme, Brustkorb, Taille, Bauch, Hüfte, Oberschenkel, Knie, Unterschenkel, Füße.

- Wenn sich während der Übung Körperempfindungen oder Gefühle melden, nehmen Sie diese wahr und fragen Sie sich: Welche Informationen geben mir diese Empfindungen? Stehe ich z. B. mit bestimmten Körperregionen auf Kriegsfuß? Habe ich eine Vermeidungshaltung entwickelt und schaue normalerweise dort nicht hin? Nehmen Sie wahr – und setzen Sie die Übung fort.

Schreiben Sie nach der Übung Ihre Ergebnisse zu jedem Körperteil auf. Nutzen Sie dabei das folgende Arbeitsblatt oder Ihr Reisetagebuch!

Wenn Sie sich an Ihre Beschreibung zu einem Körperteil nicht mehr gut erinnern können, schauen Sie ruhig noch einmal im Spiegel nach!

---

Wem es unangenehm ist, sich nackt vor den Spiegel zu stellen, der kann diese Übung natürlich auch bekleidet ausprobieren – allerdings bleiben dabei ein paar Informationen verhüllt …

Wiederholen Sie diese Übung alle paar Wochen, um in gutem Kontakt zu Ihrem Körper zu bleiben und Ihr Körperbild fortlaufend zu aktualisieren.

---

Haare ____________________

Augen ____________________

Nase ____________________

Mund ____________________

Kinn ____________________

Stirn ____________________

Wangen ____________________

Hals ____________________

Haut ____________________

Schultern ____________________

Nacken ____________________

Unterarme ____________________

Hände ____________________

Bauch ____________________

Brust ____________________

Taille ____________________

Hüften ____________________

Rücken ____________________

Po ____________________

Oberschenkel ____________________

Unterschenkel ____________________

Knie ____________________

Füße ____________________

Nachdem Sie sich in Ihrer Ausstrahlung ein gutes Stück besser kennengelernt haben, geht es jetzt auf Ihrer Reise ein Stückchen weiter nach innen: zu Ihren Bedürfnissen. Diese kann man Ihnen meistens nicht von außen ansehen – sie liegen oftmals weit unter der sichtbaren Oberfläche verborgen. Ihre Umwelt ist also darauf angewiesen, dass Sie selbst Ihre Bedürfnisse kennen und ausdrücken. Also, worauf warten Sie noch?

# Wenn es nur nach mir ginge ... – Einblicke in Ihre persönlichen Vorlieben

*Achtung: Ein guter Draht zu Ihren Bedürfnissen gefährdet Ihre Unzufriedenheit!*

## Physiologische und psychologische Bedürfnisse

Auf dieser Etappe Ihrer Selbsterfahrungsreise werden Sie mehr über Ihre Bedürfnisse erfahren. Eine ganz praktikable Unterscheidung ist die Trennung zwischen physiologischen und psychologischen Bedürfnissen: Während die physiologischen Bedürfnisse das Ziel haben, das körperliche Wohlbefinden aufrechtzuerhalten, indem sie auf aktuell vorhandene Mangelzustände hinweisen, zeigen psychologische Bedürfnisse Ihre ganz persönlichen Vorlieben an.

Für beide Arten von Bedürfnissen gilt: Je genauer Sie sie im Blick haben, desto mehr können Sie ihnen nachgehen und desto deutlicher werden Sie Energie und Zufriedenheit spüren.

Eine wichtige Voraussetzung dafür ist natürlich, dass Sie sich in Ihrer Bedürfniswelt gut auskennen und sich immer wieder mit Ihren Bedürfnissen verbinden. Mit den Übungen in diesem Kapitel möchte ich Sie in diesem Vorhaben unterstützen!

## 1. Physiologische oder körperliche Bedürfnisse ...

... sind z.B. Hunger, Durst, Müdigkeit, Harndrang, Bedürfnis nach Wärme, Kühle, Bewegung, Entspannung, Sexualität, Licht, Dunkelheit.

... treten mehrmals täglich auf und sind kurzfristig und relativ eindeutig zu befriedigen. Wann und wie häufig sich die körperlichen Bedürfnisse melden, variiert je nach genetischer Ausstattung und Gewohnheiten.

... sind universell vorhanden bei Menschen und Tieren.

... werden uns vom Körper mit eindeutigen Signalen »gemeldet«: Magenknurren, trockener Mund, Gähnen, Verspannungen, Frieren, Schwitzen. Für dieses Meldesystem ist vor allem das vegetative Nervensystem zuständig, das ist der Teil unseres Nervensystems, der alle lebenswichtigen Funktionen selbstständig und außerhalb unserer willentlichen Kontrolle regelt: Atmung, Verdauung, Herzschlag, Körpertemperatur, Immunsystem, Hunger, Durst, Schlaf-Wach-Rhythmus. Die Erfüllung bzw. Nicht-Erfüllung der physiologischen Bedürfnisse wirkt sich unmittelbar auf die Funktionstüchtigkeit des Körpers aus.

Wir Menschen sind biologisch so gut ausgerüstet, dass diese lebenswichtigen Funktionen von alleine funktionieren und wir bei einem Ungleichgewicht entsprechende Meldungen bekommen.

Leider kann man im Alltag diese Meldungen auch »überhören«. Äußere Vorgaben wie Arbeitszeiten, Stundenpläne, Ablenkungen oder Bedürfnisse anderer drängen die physiologischen Bedürfnisse hin und wieder in die zweite Reihe.

Vielleicht finden Sie sich in dem einen oder anderen Beispiel wieder?

- Frau R. ist schon immer morgens fit und abends früh müde gewesen. Ihrem Partner zuliebe bleibt sie abends lange auf und fühlt sich morgens wie gerädert.

- Frau T. ist eine viel beschäftigte Frau. An Tagen, an denen sie tagsüber wenig trinkt, bekommt sie gegen Abend oft Kopfschmerzen.

- Herr B. fühlt sich körperlich wohl, wenn er drei Mahlzeiten zu sich nimmt. Aufgrund seiner beruflichen Tätigkeit »vergisst« er, mittags zu essen, kommt dann abends ausgehungert nach Hause und isst viel und fett.

- Frau K. ist normalerweise gerne und viel in Bewegung. Seitdem sie voll berufstätig ist, geht sie nur noch sporadisch zum Sport. Sie beschreibt sich als unausgeglichen und ist unzufrieden über ihre Gewichtszunahme.

- Frau S. sitzt häufig mit übereinander geschlagenen Beinen. Diese Haltung bereitet ihr jedoch häufig Schmerzen im unteren Rücken.

### Übung: Bedürfnis-Screening I

Frieren Sie für einen kurzen Moment Ihre Körperhaltung, Ihre aktuelle Tätigkeit ein, als ob jemand auf eine Stopptaste gedrückt hätte.

Halten Sie inne und stellen Sie sich folgende Fragen (auch einzeln möglich, je nach Schwerpunkt, den Sie setzen möchten):

- Wie fühlt sich Ihr Magen in diesem Moment an? Ist er voll oder eher leer? Wie gesättigt fühlen Sie sich? Haben Sie Hunger? Wäre es jetzt angenehm, etwas zu essen?
- Beobachten Sie, wie sich Ihr Mund anfühlt. Ist er trocken oder feucht? Wie fühlt sich Ihre Kehle an? Haben Sie Durst? Möchten Sie am liebsten etwas trinken?
- Achten Sie darauf, wie Sie die aktuelle Temperatur empfinden. Was können Sie beobachten? Schwitzen Sie an irgendeiner Stelle Ihres Körpers? Können Sie eine Gänsehaut bemerken? Welche Temperatur haben Ihre Hände? Welche Temperatur haben Ihre Füße? Eher kalt oder warm? Beobachten Sie ein Bedürfnis, sich zu wärmen oder zu kühlen?
- Wie ausgeruht fühlen Sie sich? Wie frisch? Bemerken Sie vielleicht eine Müdigkeit an irgendeiner Stelle Ihres Körpers? Bemerken Sie das Bedürfnis, sich auszuruhen?

- Achten Sie auf Ihre Körperhaltung. Gibt es irgendwo an Ihrem Körper eine Stelle, die Ihnen Schmerzen bereitet? Ist die Haltung im Moment angenehm für Sie? Oder möchten Sie etwas verändern?

---

! Diese kurze Übung empfehle ich, immer wieder in den laufenden Alltag einzubauen. Je öfter Sie Ihre körperlichen Bedürfnisse abfragen, desto eher können Sie an diesem Punkt selbst-fürsorglich sein und sich das geben, was Sie brauchen. Aber Achtung: Es könnte sein, dass Sie sich dadurch energie- und kraftvoller fühlen!

Mit Hilfe der folgenden Übungen können Sie immer wieder zwischendurch feststellen, wie es um Ihre persönliche Energie bestellt ist:

## Übungen zur persönlichen Energie-Bilanz

---

1. Energie-Ampel:

- Stellen Sie sich vor, es gäbe eine Energie-Ampel, die kontinuierlich Ihren aktuellen Energie-Stand anzeigt.
- Zeigt sie auf GRÜN, haben Sie viel Energie zur Verfügung. Dinge fallen Ihnen leicht, machen Ihnen Spaß, Sie lachen, sind wach, kraftvoll und zufrieden.
- Zeigt sie auf GELB, heißt das, dass sie zwar noch Energie für den Grundbetrieb zur Verfügung haben, jedoch

nicht mehr so viel in Reserve. Sie merken dies z.B. durch Müdigkeit, Anspannung, Konzentrationsschwierigkeiten, Unlust oder Schmerzen.

- Zeigt Ihre Energieampel auf ROT, dann fehlt Ihnen die ausreichende Energie für Ihren Grundbetrieb, geschweige denn für Freude, Liebe, Spaß oder Unbeschwertheit. Vielleicht sind sie schlapp, krank, ängstlich, depressiv oder haben Schmerzen. Sie wollen nur noch schlafen, fliehen und Ihre Ruhe haben.

- Meine Empfehlungen für selbst-fürsorgliche Reaktionen auf die drei Stufen: Ist Ihr Fazit GRÜN, genießen Sie es! Steht die Ampel auf GELB, Energie sparen, wenn möglich auftanken. Lautet Ihr Fazit ROT, raus aus dem Alltagsbetrieb und in Ruhe den Akku aufladen! Wie Sie das am besten tun können, sagen Ihnen vor allem Ihre aktuellen körperlichen Bedürfnisse. Sobald Sie körperlich wieder einigermaßen fit sind, können Sie zusätzlich Ihren persönlichen Vorlieben folgen und dadurch eine Extraportion Energie aufladen.

2. Energie-Fass:

- Malen Sie sich ein Fass auf. Stellen Sie sich vor, dass dies Ihr persönliches Energiefass ist.

- Zeichnen Sie nun, ohne lange zu überlegen, einen Strich in Höhe der momentan gefühlten Energiemenge, die Sie zur Verfügung haben.

- Legen Sie eine Skala von 0–10 an Ihr Fass an, wobei 10 kraftvoll, in vollem Saft, zufrieden und stark bedeutet und 0 tot bzw. völlig ohne einen Funken Energie. Ordnen Sie nun Ihr spontan festgelegtes Energielevel in diese Skala ein.
- Meine Empfehlung: Ihr Energielevel sollte sich kontinuierlich mindestens im mittleren Bereich der Skala befinden, damit genug Kraft für Ihren Grundbetrieb und dazu auch noch für eine B-Note mit Leichtigkeit, Spaß und Freude vorhanden ist.
- Fragen Sie sich, welches Ihre Energiespender und Energieräuber sind. Welche Dinge füllen Ihr Energiefass auf, welche leeren es aus?

3. Fragen Sie sich, ob es für Sie typische Anzeichen für eine rote Energieampel oder ein leeres Energiefass gibt (z. B. bestimmte Verhaltensweisen, Körperempfindungen, Gedanken oder Gefühle). Schreiben Sie sie auf!

## 2. Psychologische Bedürfnisse

Zentrale psychologische Bedürfnisse sind z. B. das Bedürfnis nach Sicherheit, Schutz, Bindung/Zugehörigkeit, Autonomie, Anerkennung sowie nach Selbstausdruck.

Ein methodisch fundiertes und international anerkanntes Persönlichkeitsmodell zum Thema Grundbedürfnisse ist das Modell der 16 Lebensmotive von Steven Reiss. Hier wird dieses Thema auf der Basis statistischer Berechnungen und großer internationaler Stichproben in Gestalt von 16 voneinander abgrenzbaren psychologischen Grundbedürfnissen konkretisiert:

| | |
|---|---|
| *Macht* | Bedürfnis, andere zu führen, Dinge zu bewegen, Entscheidungen zu treffen. |
| *Unabhängigkeit* | Bedürfnis, frei und autonom von anderen Menschen oder Sachzwängen zu sein. |
| *Neugier* | Bedürfnis, Neues zu erfahren und zu lernen. |
| *Anerkennung* | Bedürfnis nach positivem Feedback von anderen. |
| *Ordnung* | Bedürfnis nach Struktur, Organisation, Planung, Klarheit und Sauberkeit. |
| *Sparen/ Sammeln* | Bedürfnis, Dinge zu behalten, zu pflegen und zu konservieren. |
| *Ehre* | Bedürfnis, sich nach festen Werten und Prinzipien zu orientieren. |
| *Idealismus* | Bedürfnis nach sozialer Gerechtigkeit. |
| *Beziehungen* | Bedürfnis, mit anderen zusammen zu sein, um Spaß zu haben und zu kommunizieren. |
| *Familie* | Bedürfnis nach eigener Familie, andere zu umsorgen, sich zu kümmern. |
| *Status* | Bedürfnis, beachtet zu werden und aus der Masse herauszuragen. |

| | |
|---|---|
| *Rache/Kampf* | Bedürfnis, sich mit anderen zu messen und zu gewinnen. |
| *Eros* | Bedürfnis nach Erotik, Sinnlichkeit, Ästhetik, Schönheit und Design. |
| *Essen* | Bedürfnis, Essen zu genießen und sich ausführlich mit Essen und Kochen zu beschäftigen. |
| *Körperliche Aktivität* | Bedürfnis nach Bewegung und körperlicher Fitness. |
| *Emotionale Ruhe* | Bedürfnis nach Sicherheit und Stabilität. |

Menschen unterscheiden sich stark in der Ausprägung und Gewichtung ihrer psychologischen Grundbedürfnisse. Die Kombination aus Ihren Grundbedürfnissen ist demnach so einzigartig wie Ihr Fingerabdruck.

*Psychologische Bedürfnisse als Kern Ihrer Persönlichkeit*

Wenn Sie sich Ihre Persönlichkeit wie eine Zwiebel vorstellen, die verschiedene Schichten hat, dann bilden Ihre psychologischen Bedürfnisse den Kern, die Essenz Ihrer Persönlichkeit (s. Abbildung Zwiebelschalen-Modell).

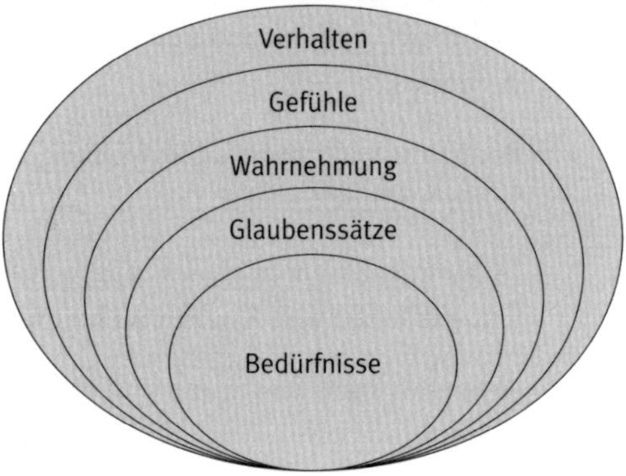


(nach Ion/Brand [2009], S. 42)

*Glaubenssätze*

Die Bedürfnisse führen im Zusammenspiel mit der Umwelt, in die Sie als Kind hineingeboren wurden, zu Grundüberzeugungen, sogenannten Glaubenssätzen, wie z.B. »Von nichts kommt nichts« (passend zu einem ausgeprägten Machtmotiv bzw. einer leistungsorientierten Lernumgebung) oder »Vorsicht ist die Mutter der Porzellankiste« (bei einem ausgeprägten Bedürfnis nach Sicherheit bzw. einer angstbetonten Umgebung).

*Wahrnehmung*

Ihre Grundüberzeugungen bilden einen Filter, mit dem Sie durch die Welt gehen. Dieser Filter leistet quasi unbewusst eine Vorauswahl für Sie, welche von all den Reizen, die Sie durch Ihre Sinneskanäle aufnehmen, am Ende bei Ihnen als »Wahrheit« ankommt. Aktuelle Studien sprechen von einem Verhältnis von vier Milliarden auf Sie einströmenden Informationseinheiten zu nur 2000 tatsächlich verarbeiteten Reizen.

Im Sinne einer sich selbst erfüllenden Prophezeiung nehmen Sie die Welt immer wieder so wahr, wie sie für Sie mal war, und das meist ganz unbemerkt.

*Gefühle*

Die Gefühle sind letztendlich eine logische Konsequenz Ihrer Weltsicht und der entsprechenden Bewertungen. Jemand, der die Welt als bedrohlichen Ort sieht, empfindet als Konsequenz das Gefühl der Angst. Menschen mit einem großen Bedürfnis nach Prinzipien werden immer wieder Wut bzw. Enttäuschung empfinden, wenn sie selbst oder andere gegen ihre Prinzipien verstoßen.

*Verhalten*

Das Verhalten, das Sie an den Tag legen und das von außen beobachtbar ist, ist nur die Spitze des Eisbergs. Es ist das Resultat einer Kette aus Bedürfnissen, Glaubenssätzen, Wahrnehmungsfiltern und Gefühlen.

Wer *wirklich* verstehen will, warum er sich in diesem Augenblick so und nicht anders verhält, sollte vor allem über die eigenen Bedürfnisse Bescheid wissen. Ihre Bedürfnisse sind der Kern Ihrer Persönlichkeit, der eigentliche Motor für Ihr Verhalten.

In der folgenden Tabelle finden Sie eine Auflistung von Gefühlen, die typischerweise bei der Erfüllung bzw. Enttäuschung bestimmter Bedürfnisse auftreten:

| *Grundbedürfnis* | *Empfindungen bei Erfüllung* | *Empfindungen bei Nicht-Erfüllung* |
|---|---|---|
| *Macht* | Macht, Stärke, Kontrolle, Selbstwirksamkeit, Leistungsfähigkeit | Hilflosigkeit, Ohnmacht |
| *Unabhängigkeit* | Freiheit, Autonomie, Unabhängigkeit | Gefühl, gefangen zu sein, in der Falle zu sitzen |
| *Neugier* | Faszination, Interesse | Langeweile, Unterforderung |
| *Anerkennung* | Selbstsicherheit, Stolz, Erleichterung | Unsicherheit, Selbstzweifel |
| *Ordnung* | Stabilität, Klarheit | Orientierungs-losigkeit, Verwirrung |
| *Sparen/Sammeln* | Besitzerstolz | Angst vor Knappheit |
| *Ehre* | Loyalität, Integrität, moralische Überlegenheit | Schuldgefühle, schlechtes Gewissen |
| *Idealismus* | Mitleid, Mitgefühl | Frust über Ungerechtigkeit |
| *Beziehungen* | Zugehörigkeitsgefühl, Spaß, Verbundenheit | Einsamkeit |
| *Familie* | Verbundenheit, Geborgenheit | Unerfülltheit, Leere |
| *Status* | Gefühl von Besonderheit, Beachtetwerden | Gefühl von Bedeutungslosigkeit |

| *Grundbedürfnis* | *Empfindungen bei Erfüllung* | *Empfindungen bei Nicht-Erfüllung* |
|---|---|---|
| *Rache/Kampf* | Triumph- und Siegesgefühle | Ärger, Aggression |
| *Eros* | Ekstase | Unerfülltheit |
| *Essen* | Gefühl des Satt- und Wohl-gefüttert-Seins | Gefühl, unterversorgt und hungrig zu sein |
| *Körperliche Aktivität* | Vitalität, Stärke, Fitness | Rastlosigkeit, Schwäche, Unruhe |
| *Emotionale Ruhe* | Ruhe, Sicherheit, Gelassenheit | Angst, Sorge, Unbehagen |

Die Übungen zum Thema »psychologische Bedürfnisse« habe ich in zwei Gruppen zusammengefasst: Die erste Gruppe besteht aus Übungen zu Ihren unmittelbaren Vorlieben in einer Situation. Hier üben Sie, Ihren aktuellen Impuls in einer Situation wahrzunehmen und aufzugreifen. Bei der zweiten Gruppe geht es um das Herausfinden Ihrer typischen, d.h. Ihrer immer wieder und häufig vorkommenden Bedürfnisse.

*Übung: Meine Wohlfühl-Distanz*

Beobachten Sie in Gegenwart anderer Personen, welchen räumlichen Abstand Sie gerade jetzt zu dem anderen Menschen einnehmen wollen.

- Fragen Sie sich: »Welche Signale gibt mein Körper? Ist er angespannt oder eher entspannt bei dem aktuellen Abstand zu der anderen Person? Möchte ich am liebsten näher kommen oder mehr Abstand einnehmen? Oder ist es gerade passend für mich?«
- Verändern Sie im zweiten Schritt Ihre Position so, dass Sie sich wohlfühlen.
- Beispiele für Übungssituationen: in der U-Bahn, in der Warteschlange, bei Freunden, bei Kollegen, in der Kneipe, im Bett.

*Übung: »Wenn es jetzt nur nach mir ginge ...«*

Sagen Sie in verschiedenen Situationen, in denen Sie mit anderen zusammen sind, innerlich zu sich selbst folgenden Satz:

- *»Wenn es nur nach mir ginge, dann würde ich jetzt ...«*
- Vervollständigen Sie diesen Satz, ohne lange nachzudenken.

- Schreiben Sie den Satzanfang auf einen Zettel und stekken ihn in Ihr Portemonnaie oder speichern Sie ihn als Begrüßungstext in Ihr Handy ein, so dass er Ihnen im Laufe des Tages immer mal wieder über den Weg läuft. Und Sie daran erinnert, für Ihre unmittelbaren Bedürfnisse aufmerksam zu sein.

- Sie können sich bei der anschließenden Reflexion auch fragen: *»Ist meine Satzergänzung jedes Mal anders oder zeichnen sich »Lieblingsantworten« ab, so etwas wie typische Bedürfnisse?« »Wie häufig verhalte ich mich wirklich so, dass es zu meiner aktuellen Antwort auf diesen Satz passt?« »Wie häufig stelle ich meine Bedürfnisse zurück?«*

## 2. Übungen zu ihren typischen Bedürfnissen

---

*Übung: Mein idealer Sonntag*

Stellen Sie sich vor, Sie hätten einen komplett unverplanten, freien Sonntag in Aussicht und müssten sich bezüglich der Planung mit niemandem abstimmen. Wie sähe dann Ihr idealer Tag aus?

- Sie können sich alles wünschen, was Sie möchten. Es geht nicht um Fragen wie »Was ist realistisch? Würde mein Partner das mitmachen?« usw. Es geht hier ausschließlich darum, dass Sie Ihren idealen Sonntag in Reinform kennenlernen.

- Fangen Sie mit Ihrer detaillierten Beschreibung beim Zeitpunkt Ihres Aufwachens an und enden Sie mit dem Moment, in dem Sie abends wieder einschlafen.
- Setzen Sie andere Menschen wie Marionetten in Ihrem Wunschfilm ein! An Ihrem idealen Sonntag bestimmen nur Sie, was passiert und was nicht passiert! Verhandeln und Kompromisse eingehen können Sie später immer noch. Kennen Sie das auch, dass Sie erst gar nicht Ihre Traumvorstellung zu Ende denken, weil Sie von »realistischen« Gedanken wie »Das klappt ja sowieso nicht« oder »Das würde die nie mitmachen!« gebremst werden? Schade eigentlich, oder?
- Wenn Sie sich nicht entscheiden können, fragen Sie sich: *»Mit welcher Variante würde ich mich am allerbesten fühlen?«*
- Schreiben Sie das Drehbuch für Ihren idealen Sonntag auf!

*Übung: Mein idealer Urlaub*

Wenn Ihnen diese Übung Spaß gemacht und vielleicht ein paar aufschlussreiche Informationen über sich selbst gebracht hat, versuchen sie es mal mit der Planung Ihres idealen Urlaubs!

Auch bei dieser Übung ist es besonders wichtig, dass es hierbei erst einmal nur um IHRE Optimalvorstellung geht – völlig unabhängig davon, was der Partner möchte, was das Reisebudget hergibt usw. Trauen Sie sich zu träumen!

Warum empfehle ich diese Übung? Weil es der Realität entspricht, dass viele Menschen faule Kompromisse eingehen bei der Wahl und Ausgestaltung ihres Urlaubs und damit eine wichtige Quelle für Zufriedenheit nicht ausschöpfen. Nehmen wir das Ehepaar M.: Sie möchte in die Karibik, er in die Alpen, also fahren sie seit vielen Jahren regelmäßig ins Sauerland.

Beide bekommen nicht das, wovon sie träumen und verlieren (Ich habe übrigens nichts gegen das Sauerland ...).

Geben Sie sich eine ehrliche Chance, dass Ihre Träume in Erfüllung gehen können. Träumen Sie, erzählen Sie von Ihrem Traum und geben Sie somit sich selbst und anderen die Möglichkeit, diesen Traum oder zumindest Teile davon zu erfüllen!

*Übung: Meine Bedürfnis-Hitliste*

Eine Liste mit Ihren wichtigsten Bedürfnissen können Sie Schritt für Schritt mithilfe folgender Fragen erstellen:

Frage 1:

In welchen drei Situationen in meinem Leben war ich bisher am glücklichsten?

1. ______________________________

2. ______________________________

3. ______________________________

Was hat mich damals so glücklich gemacht?

1. ______________________________

2. ______________________________

3. ______________________________

Welche Bedürfnisse könnten jeweils dahinter stecken?

1. ______________________________

2. ______________________________

3. ______________________________

- Nutzen Sie dazu auch die beiden Tabellen »16 Lebensmotive« und »Bedürfnisse und Gefühle«.

Frage 2:
In welchen drei Situationen in meinem Leben war ich besonders unglücklich?

1. ______________________________

2. ______________________________

3. ______________________________

Was hat mich damals so unglücklich gemacht?

1. ______________________________

2. ______________________________

3. ______________________________

Welche Bedürfnisse sind dabei nicht erfüllt worden?

1. __________________________________

2. __________________________________

3. __________________________________

- Nutzen Sie dazu auch die beiden Tabellen »16 Lebensmotive« und »Bedürfnisse und Gefühle«.

Frage 3:
Worüber kann ich mich bei anderen Menschen besonders aufregen? Was bringt mich auf die Palme?

1. __________________________________

2. __________________________________

3. __________________________________

Welche Bedürfnisse werden in diesen Situationen verletzt?

1. __________________________________

2. __________________________________

3. __________________________________

- Nutzen Sie dazu auch die beiden Tabellen »16 Lebensmotive« und »Bedürfnisse und Gefühle«.
- Sie haben nun Anhaltspunkte darüber gesammelt, welche Bedürfnisse Ihnen besonders am Herzen liegen.

Sind diese Bedürfnisse erfüllt, geht es Ihnen gut, Sie »blühen auf« und sind glücklich. Werden diese Bedürfnisse nicht erfüllt, sind Sie unzufrieden und leiden. Listen Sie hier Ihre wichtigsten Bedürfnisse noch einmal auf:

*Hitliste meiner persönlichen Bedürfnisse:*

1. ____________________

2. ____________________

3. ____________________

**!** Ich empfehle Ihnen, Ihre Hitliste auf einem Zettel in handlichem Format (vielleicht sogar laminiert, dann ist er weniger empfindlich) in Ihrem Portemonnaie oder Terminplaner immer bei sich zu tragen. So behalten Sie Ihre wichtigsten Bedürfnisse auch im Alltag gut »im Blick«.

**!** Eine besonders aussagekräftige und anschauliche Übersicht über Ihre Grundbedürfnisse bekommen Sie mit dem Reiss Profile (s. Anmerkungen).

## Übung: Eine Pflegeanleitung für mich selbst

Was ist eine Pflegeanleitung? Wenn Sie eine Pflanze kaufen oder geschenkt bekommen, finden Sie in der Regel eine kurze Anleitung zum optimalen Standort: Wie viel Licht verträgt die Pflanze? Muss man sie eher viel oder wenig gießen? Dünger ja oder nein und wenn ja, wann? All dies sind wichtige Informationen über die Bedürfnisse der Pflanze, denen Sie im Sinne der Pflanze idealerweise anfangs Beachtung schenken und dann im weiteren Verlauf möglichst genau nachkommen sollten. Sie wird es Ihnen mit einer besonders üppigen Blütenpracht danken!

Genauso verhält es sich mit Ihren Grundbedürfnissen: Je genauer Sie darüber Bescheid wissen, desto eher können Sie sie in Ihrem Alltag beherzigen und desto häufiger spüren Sie Energie, Kraft und Zufriedenheit.

- Fertigen Sie nun auf der Basis Ihrer persönlichen Bedürfnis-Hitliste eine Pflegeanleitung für sich selbst an, indem Sie den folgenden Satz vervollständigen:

Ich blühe auf, wenn ...

... ______________________________

... ______________________________

... ______________________________

Fallbeispiel Frau Z.
Frau Z. hat in ihrer persönlichen Hitliste folgende Bedürfnisse aufgespürt:

1. Anerkennung
2. Gesellschaft
3. Bewegung

So würde die Pflegeanleitung von Frau Z. aussehen:

Ich blühe auf, wenn …
… ich positives Feedback kriege.
… ich mit anderen Menschen zusammen bin.
… ich körperlich aktiv bin.

! Mein Tipp: Wenn Sie die Wahrscheinlichkeit erhöhen wollen, dass Sie von Personen Ihres Vertrauens »artgerecht« behandelt werden, können Sie diese Pflegeanleitung natürlich auch diesen Personen zur Verfügung stellen. Diese Geste ist Ausdruck für den Wunsch: Behandle mich bitte so, wie ich es brauche! Ob der Eingeweihte diesem Wunsch nachkommen wird, liegt natürlich außerhalb Ihres Einflussbereichs. Die bloße Empfehlung, die Pflanze zu gießen, macht die Erde nicht automatisch nass! Sie leisten damit jedoch immerhin einen Beitrag zum Abbau von Missverständnissen und unerfüllten Bedürfnissen, wie sie so zahlreich in zwischenmenschlichen Beziehungen bestehen und immer wieder für große Dramen sorgen!

# Ich denke, also bin ich – Durchblicke bei Ihrer Gedankenwelt

*Woher soll ich wissen, was ich denke,*
*bevor ich höre, was ich sage?*
Anonymus

## Gedanken sind Dauerprogramm

Wenn Sie mit Ihrer Fernbedienung in Ihren Gedankenkanal schalten, dann werden Sie bemerken, dass dieses Programm ständig parallel läuft. Nur ganz selten gibt es gedankenfreie Momente, wie z.B. bei der Meditation, im Flow oder beim Sex. Selbst im Schlaf denken Sie! Schalten Sie mal kurz rein in Ihren Gedankenkanal:

## Übung: Live-Schaltung

Schaffen Sie sich eine ungestörte Situation. Nehmen Sie sich einen Stift und ein großes Blatt Papier (oder Ihr Reisetagebuch).

- Schreiben Sie nun einfach drauf los, was Ihnen gerade in den Sinn kommt, auch wenn es Ihnen unlogisch vorkommt.
- Achten Sie nicht auf Rechtschreibung oder Grammatik, sondern schreiben Sie »in Kladde« – einfach drauf los!
- Schreiben Sie für mindestens fünf Minuten, hören Sie nicht vorher auf.
- Wenn Ihnen dann irgendwann absolut nichts mehr einfällt, lesen Sie sich Ihre Gedanken noch einmal in Ruhe durch. Ganz Mutige lesen sich den Text laut vor …
- Vielleicht staunen Sie im Nachhinein darüber, was alles in Ihrem Kopf Platz hatte und wie sehr Sie dies beschäftigt hat (*Tagebuch-Effekt!*).

Eines ist natürlich klar: Dies ist nur die Spitze des Eisbergs: Sie haben mit dieser Übung einen kleinen Zipfel Ihrer Gedankenwelt erwischt. Aber es ist immerhin ein Einblick! Für einen kurzen Moment haben Sie über die Gedankenebene Kontakt mit sich selbst hergestellt, indem Sie sich selbst beim Denken zugehört haben.

! Übrigens können Sie dies wunderbar trainieren: Je öfter Sie in Ihr Gedankenprogramm schalten und das, was Sie »hören«, aufschreiben, desto mehr Gedanken werden Sie mit der Zeit erwischen!

»Wozu ist das eigentlich gut?«, werden Sie sich vielleicht fragen.

Reiner Selbstzweck? Pure Neugier? Ja vielleicht auch, denn: Es ist wirklich verblüffend, worüber und auf welche Art und Weise wir über Dinge nachdenken! Und das oft, ohne es im Alltag zu merken!

Es lohnt sich vor allem, die eigene Gedankenwelt kennenzulernen, da Gedanken eine unglaubliche Kraft und damit auch Macht haben: Sie können nämlich Ihr Gefühlsleben, Ihre körperliche Verfassung und Ihr Verhalten beeinflussen!

Paul Watzlawick gibt dafür ein schönes Beispiel, wenn er in seiner »Anleitung zum Unglücklichsein« von einem Mann erzählt, dem zum Aufhängen eines Bildes der Hammer fehlt. Ihm kommt der Gedanke, seinen Nachbarn nach dem Werkzeug zu fragen, doch gleich holen ihn Zweifel ein. Am Tag zuvor hatte dieser ihn doch nur so flüchtig begrüßt, hatte er also etwas gegen ihn? Aus Zweifel wird Empörung, aus Empörung wird Wut. Der Mann steigert sich so in seine Vermutungen hinein, dass er schließlich wutentbrannt zum Nachbarn herüberstürmt und diesem, noch bevor er Gelegenheit hat, ihn zu begrüßen, entgegenbrüllt: »Behalten Sie Ihren Hammer, Sie Rüpel!«

Am Beispiel des armen Mannes sehen wir: Nicht unbedingt die Situation, sondern unsere ganz persönliche Interpretation der Situation beeinflusst unsere gefühls- und verhaltensmäßigen Reaktionen darauf.

Diese Erkenntnis ist nicht ganz neu, aber elementar für ein selbstbestimmtes Leben! Bereits der römische Stoiker Epiktet (50–138 n. Chr.) formulierte: »Nicht die Dinge selbst beunruhigen die Menschen, sondern ihre Vorstellungen von den Dingen.«

Einzug in die moderne Psychologie hielt diese Weisheit jedoch erst vor ca. 50 Jahren mit der »kognitiven Wende« durch Albert Ellis, Aaron Beck und Donald Meichenbaum.

! Achtung: Sobald auch Sie die »kognitive Wende« in Ihrem Leben vollzogen haben, gibt es kein Zurück mehr! Sie werden Opfer-Geschichten bei sich und anderen nicht mehr so ohne Weiteres stehen lassen können. Sie werden automatisch ein Stück mehr Verantwortung für Ihr Wohlbefinden übernehmen.

Meine Lieblingsbeispiele für Opfergeschichten sind:

- Die Geschichte des Mannes mit dem Hammer (s. o.). Folgen: Wut und eine unerledigte Aufgabe.
- »Das ist ja wieder typisch für die Bahn! Immer kommt sie zu spät!« Folgen: Wut, Hilflosigkeit und Groll bei weiteren Bahnfahrten oder vielleicht demnächst Stau auf der Autobahn.

- »Warum muss das Leben immer so grausam sein!« Folgen: Traurigkeit, Angst und Pessimismus.
- »Weihnachten steht vor der Tür, da muss man ja Stress haben!« Folgen: Anspannung, Erwartungsdruck und Hektik.
- »Mir geht's nicht gut, kein Wunder bei diesem Regenwetter!« Folgen: schlechte Laune, Gefühl des Ausgeliefertseins.
- »Mein Partner macht mich wahnsinnig mit seinen Marotten!« Folgen: Wut und Hilflosigkeit.

## Übung: Rettet die Opfer!

- Überlegen Sie für jedes der oben genannten Beispiele, wie Sie die Gedanken in eine selbstbestimmtere Interpretation umformulieren können.
- Spüren Sie den Interpretationsspielraum auf, den die jeweilige Person hat.
- Wichtig ist: Denken Sie in Alternativen. Entziehen Sie den oben beschriebenen Gedanken die Exklusivität und damit die Macht über Gefühle und Verhalten.
- Bei dieser Übung gibt es kein richtig und falsch!
- Alternative Interpretationsvorschläge finden Sie am Ende des Kapitels.

Und jetzt zu Ihnen: Falls Sie die einzige Ausnahme unter uns Menschen sind, die NIE in die »Opfer-Falle« tappt, können Sie die folgende Übung überspringen. Falls Ihnen dieses Thema irgendwie bekannt vorkommt, schlage ich Ihnen folgende Übung vor:

## Übung: Meine Opfer-Geschichten

- Immer wenn Sie in den nächsten Tagen einen Gefühlszustand wie Traurigkeit, Wut, Angst, Resignation oder schlechte Laune bei sich wahrnehmen, fragen Sie sich bitte: *Mache ich hier gerade irgendjemanden oder irgendetwas für meine Lage verantwortlich?*
- Wenn Sie diese Frage bejahen können, dann fragen Sie sich weiter nach Ihrem persönlichen Spielraum: *Könnte ich auch noch anders darüber denken? Habe ich in dieser Situation die Wahl, die Dinge anders zu sehen? Gibt es eine Interpretation, die mir diesen Augenblick angenehmer machen könnte?*
- Schreiben Sie alle Beispiele auf, die Ihnen im Alltag oder in Ihrer Erinnerung begegnen!
- Überlegen Sie sich (wie in der Übung »Rettet die Opfer«), wie Sie Ihre spontan gewählten Opfer-Interpretationen durch wohltuendere Alternativen ersetzen könnten.

- Für Fortgeschrittene: Drücken Sie bereits *in* einer Situation auf die (imaginäre) Pause-Taste und überlegen Sie sich: Welchen Interpretationsspielraum habe ich? Wählen Sie die für Sie angenehmste Variante aus.

## Vom Gedanken zum Denkmuster

Wenn Sie immer mal wieder in Ihren Gedankenkanal schalten, werden Sie vielleicht bemerken, dass sich bestimmte Gedanken exakt oder auf eine ganz ähnliche Art wiederholen. Immer dann, wenn Sie solche »typischen« Gedanken ausfindig machen, haben Sie ein sogenanntes *Denkmuster* bei sich entdeckt. In Denkmustern zeigen sich oft Lebensthemen (s. auch Kapitel *Wer vor seiner Vergangenheit flieht, …*), die sich aufgrund Ihrer bisherigen Erfahrungen herausgebildet haben.

Ein Beispiel für ein Denkmuster haben Sie schon kennengelernt: die »Opfer-Interpretation« (s. o.).

Wie interpretieren Sie üblicherweise die Situationen, die Ihnen im Alltag begegnen? Gibt es typische Denkmuster? Welche Gefühle und Körperempfindungen lösen sie in Ihnen aus? Finden Sie es heraus mit Ihrem Gedanken-ABC!

## Übung: Mein Gedanken-ABC

- Nutzen Sie für diese Übung ein leeres Blatt Papier oder zeichnen Sie in Ihr Reisetagebuch eine Tabelle mit den drei Spalten A, B, C.
- Suchen Sie sich eine Situation aus der jüngeren Vergangenheit aus, in der Sie ein starkes Gefühl hatten, das Sie näher beleuchten möchten.
- Finden Sie eine Bezeichnung für dieses Gefühl. Zur Erinnerung: Basis-Emotionen sind Freude, Liebe, Überraschung, Angst, Traurigkeit, Wut, Ekel, Scham. Zur Unterstützung können Sie auch die Tabelle *Basis-Emotionen und verwandte Gefühle* im Kapitel *Koffer pakken* zu Rate ziehen.
- Schreiben Sie das identifizierte Gefühl in Spalte C für *consequences.* Konsequenzen Ihrer Interpretation können z. B. Gefühle und Körperempfindungen sein.
- Deshalb schalten Sie bitte mal kurz in das Programm Ihrer Körperempfindungen: Erinnern Sie sich auch an irgendwelche Körperempfindungen wie z. B. Herzklopfen, Hitze, Erstarren oder Anspannung? Wenn ja, schreiben Sie auch diese Erinnerungen in die Spalte C.
- Fragen Sie sich jetzt: Wie sah die äußere Situation aus? Was hätte eine Kamera aufgenommen in Bild und Ton? Was waren die objektiven äußeren Bedingungen?

- Ihre Antwort auf diese Frage schreiben Sie in die Spalte A (*auslösende Situation*).
- Schalten Sie nun um in Ihren Gedankenkanal und fragen Sie sich: Was ging Ihnen in der Situation durch den Kopf?
- Schreiben Sie jeden Gedanken, der sich meldet, in die mittlere Spalte B (*Bewertung, Interpretation*). Einfach hintereinander weg! Schreiben Sie alles auf, was kommt, und zwar in direkter Rede, wie bei einer Sprechblase in einem Comic.
- Fertig! Jetzt sehen Sie, wie Sie damals die objektive Situation A mit Ihrer Interpretation B versehen und damit die Folgen C ausgelöst haben.

---

! Je öfter Sie ein Gedanken-ABC für sich machen, desto tiefer wird Ihr Einblick in Ihre persönliche Gedankenwelt. Vielleicht werden Sie dabei bemerken, dass sich bestimmte Gedanken und das damit verknüpfte Gefühl wiederholen. Dann haben Sie ein Denkmuster entdeckt!

## Vom Denkmuster zum Antreiber

Manche Denkmuster haben eine starke motivierende Kraft, d.h. sie treiben zu bestimmten Verhaltensweisen an. Oftmals geschieht das unbewusst. Derart unbewusst, dass wir uns immer mal wieder über unser eigenes Verhalten wundern. Erst im Nachhinein denken wir: Warum habe ich so gehandelt und nicht anders? Doch dann ist es schon zu spät!

Wundern auch Sie sich manchmal, warum Sie in bestimmten Situationen immer wieder gleich reagieren, obwohl Ihnen das nicht immer gut bekommt? Die Ursache könnte in Ihren unbewussten Antreibern liegen. Diese sind Aufforderungen, die die logische Konsequenz von bestimmten Grundüberzeugungen oder sogenannten Glaubenssätzen sind. Die folgende Tabelle gibt die häufigsten Antreiber wieder:

| *Typisches Verhalten* | *Typische Gedanken* | *Glaubenssätze* | *Antreiber* |
|---|---|---|---|
| Unter Strom sein, hetzen, schnell sprechen, ungeduldig mit anderen sein | Beeil dich! Nun komm zum Punkt! Ich schaffe das nicht! Mir rennt die Zeit weg! | Ich bin nur okay, wenn ich die Dinge schnell und effektiv erledige. | *Beeil dich!* |
| Keine Grenzen ziehen, anderen stark entgegenkommen, nach Anerkennung suchen | Das kann ich doch nicht machen! Hoffentlich ist er/sie zufrieden! | Ich bin nur okay, wenn alle mich gut finden. | *Mach es allen recht!* |
| Sich überanstrengen, Dinge immer noch besser und gründlicher machen wollen, sich rechtfertigen, kontrollieren, unsicheres Terrain vermeiden | Das reicht noch nicht! Das geht noch besser! Da fehlt noch was! | Ich bin nur okay, wenn ich alles richtig mache. | *Sei perfekt!* |
| Nüchterne Sprache, sachbetontes Verhalten, nicht aufgeben | Jetzt nur die Fassung bewahren. Hoffentlich merkt der/die nicht, wie es mir wirklich geht. | Ich bin nur okay, wenn ich keine Schwäche zeige. | *Sei stark!* |
| Unter Leistungsdruck stehen, Erfolge nicht genießen können, angespannt, belastet sein | Ich schaffe es nicht. Ich muss noch mehr leisten. Es ist so viel zu tun. | Ich bin nur okay, wenn ich mich anstrenge. Ohne Fleiß keinen Preis. | *Streng dich an!* |

## Übung: Von Antreibern und Erlaubern

- Gehen Sie die erste Spalte der Tabelle durch und suchen Sie nach einem Verhaltensmuster, das Ihnen bekannt vorkommt.
- Überlegen Sie sich: In welchen Situationen wird dieses Verhaltensmuster aktiviert?
- Fragen Sie sich: Was hat der dazugehörige Antreiber Ihnen bisher Gutes gebracht?
- Welches ist der Preis, den Sie bisher für Ihren Antreiber gezahlt haben?
- Stellen Sie Ihrem Antreiber einen sogenannten »Erlauber« zur Seite, der eine Art Gegengewicht darstellt, wenn der Antreiber mal wieder droht, zu streng zu werden. Beispiele für Erlauber sind: *Nimm dir Zeit! Es ist genug! Du musst es nicht allen recht machen! Zeige dich, wie du bist! Du darfst es dir leicht machen!* Erfinden Sie Ihre eigenen Erlauber!

## Gedanken sind grundsätzlich veränderbar

Eine gute Nachricht zum Schluss des Kapitels: Gedanken und damit auch Denkmuster und Antreiber sind veränderbar.

Eine schlechte Nachricht gleich hinterher: Dies geht nicht auf Knopfdruck.

Bücher über positives Denken verkaufen sich blendend. Beim Ausprobieren merkt der Leser schnell: Gedanken lassen sich nicht einfach so austauschen.

Warum nicht? Weil sie das Ergebnis langjähriger Erfahrungen sind. Haben Sie Respekt vor der eigenen Vergangenheit! Es gibt gute Gründe, warum Sie so und nicht anders über sich und die Welt denken. Ihre Gedanken sind also Ablagerungen Ihrer Lebenserfahrungen. Einer meiner Klienten, ein Geographie-Student, bezeichnete einmal seine Gedankenwelt als »Sediment des Lebensflusses«. Schön, oder?

Tragen Sie diesem Aspekt Rechnung, indem Sie Ihre aktuelle Gedankenwelt, das Sediment, also die Ablagerungen Ihres Lebensflusses, erst einmal gut kennenlernen!

Je mehr Sie Ihre Gedanken als Gedanken und eigene Interpretationen identifizieren, desto mehr Wahlfreiheit entsteht für Sie.

Spielen Sie mit dieser Wahlfreiheit: Denken Sie sich alle möglichen Alternativgedanken für heikle Situationen aus! Fragen Sie sich: Wie würde mein bester Freund darüber denken? Wie meine Mutter? Und schon bewegen Sie sich im Bereich der Möglichkeiten.

Eine weitere Möglichkeit, die Gedankenwelt zu verändern: Wenn Gedanken durch Erfahrungen entstanden sind, heißt das auch, dass neue Erfahrungen Ihre Gedankenwelt verändern können. Schaffen Sie Tatsachen, z.B. durch Mutproben oder Verhaltensexperimente, die Ihre Glaubenssätze auf den Kopf stellen! Überzeugen Sie sich selbst vom Gegenteil Ihrer Annahmen! So geben Sie sich

## Interpretationsvorschläge für die Übung: Rettet die Opfer!

- Die Geschichte des Mannes mit dem Hammer (s.o.). Folgen: Wut und eine unerledigte Aufgabe.
  Interpretationsalternative mit angenehmeren Folgen: *Ich warte mal ab, wie der Nachbar bei den nächsten Begegnungen reagiert. Jetzt ist erst einmal wichtig, dass ich ihn um den Hammer bitte, damit ich hier fertig werde.*

- »Das ist ja wieder typisch für die Bahn! Immer kommt sie zu spät!« Folgen: Wut, Hilflosigkeit und Groll bei weiteren Bahnfahrten oder vielleicht demnächst Stau auf der Autobahn.
  Interpretationsalternative mit angenehmeren Folgen: *Das ist ärgerlich, dass meine Bahn heute zu spät kommt. Nächstes Mal plane ich lieber einen Puffer ein und nehme einen Zug früher.*

- »Warum muss das Leben immer so grausam sein!« Folgen: Traurigkeit, Angst und Pessimismus.
  Interpretationsalternative mit angenehmeren Folgen: *Ich finde das schlimm, was mir gerade passiert ist.*

die Chance, Ihre Gedankenwelt zu erweitern und Ihrer heutigen Realität anzupassen!

Mithilfe des folgenden Kapitels können Sie noch besser verstehen lernen, *warum* Sie so denken und fühlen, wie Sie denken und fühlen. Im Kapitel *Wer vor der Vergangenheit flieht, ...* beschäftigen Sie sich mit Ihrem Lebensfluss!

---

- »Weihnachten steht vor der Tür, da muss man ja Stress haben!« Folgen: Anspannung, Erwartungsdruck und Hektik.
  Interpretationsalternative mit angenehmeren Folgen: *Vor Weihnachten steht einiges an extra Erledigungen an. Mal sehen, wie ich das am besten plane, so dass ich die Vorweihnachtszeit auch möglichst genießen kann.*

- »Mir geht's nicht gut, kein Wunder bei diesem Regenwetter!« Folgen: schlechte Laune, Gefühl des Ausgeliefertseins.
  Interpretationsalternative mit angenehmeren Folgen: *Wie kann ich mir diesen Regentag so angenehm wie möglich gestalten?*

- »Mein Partner macht mich wahnsinnig mit seinen Marotten!« Folgen: Wut und Hilflosigkeit.
  Interpretationsalternative mit angenehmeren Folgen: *Wie kann ich mit meinem Verhalten dazu beitragen, dass er sich in diesen Punkten ändert? Oder: Wie kann ich mit seinen Marotten anders umgehen, so dass ich weniger genervt bin?*

# Wer vor seiner Vergangenheit flieht, verliert immer das Rennen – Rückblicke auf Ihre persönliche Geschichte

So wie Sie heute sind, hat eine Menge damit zu tun, was Sie bisher auf Ihrem Lebensweg erlebt haben.

Wir alle kommen bereits mit einem Bündel von Eigenschaften auf die Welt, das können alle Eltern bestätigen. Doch dann fängt es schon an: Schreikindern wird völlig anders begegnet als Kindern, die ausgeglichen und kuschelig sind. Bereits in ganz frühen Tagen beginnt die Wechselwirkung, das Spiel zwischen angeborenem Gen-Material und erworbenen Lebenserfahrungen. Um genau dieses Spiel und die Entdeckung Ihrer bewussten und unbewussten Lebensspielregeln, um Tabus und Vermächtnisse wird es auf dieser Etappe Ihrer Reise zu sich selbst gehen.

### Übung: Der allererste Blick

Fangen wir ganz am Anfang an: Schließen Sie gleich für einen Moment die Augen. Stellen Sie sich vor, Sie liegen als Säugling in der Wiege, kuschelig warm gebettet.

- Stellen Sie sich nun vor, Ihre Mutter (bzw. eine andere wichtige Bezugsperson) beugt sich über Sie und schaut Sie an. Halten Sie dieses Bild. Schauen Sie genau hin! Was sehen Sie? Was fühlen Sie?
- Prüfen Sie: Ist dies auch der Blick, mit dem Sie sich manchmal im Spiegel ansehen? Ist er vielleicht liebevoll, wohlwollend oder eher besorgt, traurig, kritisch oder teilnahmslos?

Der Blick, mit dem Ihre Mutter (bzw. eine andere wichtige Bezugsperson) Sie betrachtet hat, ist ganz tief in Ihnen gespeichert. Ihre Haltung sich selbst gegenüber beeinflusst Ihr Wohlbefinden und Ihren persönlichen Erfolg. Ein kritischer Blick lässt Sie vorsichtig durchs Leben gehen, ein wohlwollender lässt Sie über sich hinauswachsen.

Die Bindungsforschung von John Bowlby und Kollegen hat gezeigt, dass die Art, wie uns unsere Bezugspersonen in unseren ersten Lebensmonaten begegnen, nicht nur die spätere Haltung gegenüber uns selbst, sondern auch unsere Vorstellungen und Erwartungen an Beziehungspartner maßgeblich beeinflusst.

Vor dem Hintergrund der frühen Erfahrungen mit unseren ersten Bezugspersonen haben wir ein bestimmtes Bild von uns selbst und anderen in Beziehungen: Was kann ich erwarten? Bin ich ihm/ihr wichtig? Kann ich mich auf den anderen verlassen? Ist er/sie da, wenn ich ihn/sie brauche? Muss ich mich vielleicht sogar schützen? Darf ich die Welt erkunden oder muss ich bei ihm/ihr bleiben bzw. ein schlechtes Gewissen haben, wenn ich meinen Interessen nachgehe?

Diese Annahmen bilden das unbewusste Navigationssystem in unseren Beziehungen. Wir denken, fühlen und verhalten uns »reflexhaft«, d.h. wir folgen blind den Regeln, die damals für unsere ersten Beziehungen überlebenswichtig waren.

Mithilfe sogenannter »Erwartungserwartungen« treffen wir Vorhersagen über die Erwartungen der anderen an uns und verhalten uns dementsprechend im vorauseilenden Gehorsam. Beispiele für Erwartungserwartungen sind: »Der findet mich sowieso langweilig.« Ergo: Ich belästige ihn nicht mit meinen Geschichten und verstecke mich. Oder: »Alle Männer sind Schweine.« Die logische Folge: Ich lasse mich nicht mit Männern ein oder baue einen Schutzwall auf, der wahre Nähe verhindert. Oder aber auch: »Ich bin ein wertvoller Mensch. Der will mich bestimmt näher kennenlernen.« Ich zeige mich so, wie ich bin und biete ihm eine Beziehung an.

Im Sinne einer »sich selbst erfüllenden Prophezeiung« reagiert das Gegenüber auf diese ausgesendeten Signale und sorgt dafür, dass unsere Annahmen bestätigt werden.

Für die geschilderten Beispiele würde das bedeuten: Jemand, der sich versteckt, wird von anderen tatsächlich als wenig unterhaltsam empfunden. Durch einen Schutzwall ist es unmöglich, eine wahrhaftige Verbindung aufzubauen und sich vom Gegenteil zu überzeugen. Wenn ich mich so zeige, wie ich bin, kann ich davon ausgehen, dass vorhandenes Interesse mir gilt, das bestätigt meine Annahme, liebenswert zu sein.

So geraten Menschen immer wieder an ähnliche Partner, mit denen sie nicht glücklich werden. So fühlen sich viele immer wieder einsam, bedroht, betrogen, eingeengt und wissen nicht, warum. Erwartungen produzieren die Wirklichkeit, und die Wirklichkeit beeinflusst wiederum die zukünftigen Erwartungen! Auf diese Weise können Muster über Jahrzehnte hervorragend konserviert werden …

Sind *Ihre* Beziehungsregeln heute noch gültig? Oder schränken sie Sie vielleicht an der einen oder anderen Stelle ein? Es lohnt sich, die eigenen Lebensthemen kennenzulernen! Warum?

Zum einen, um zu erkennen, warum Sie immer wieder bestimmten Themen begegnen. Zum anderen, um »ausmisten« zu können: Welche Regeln sollen Sie weiter auf Ihrer Lebensreise begleiten und welche sind mittlerweile überholt und gehören in die Altkleidersammlung? Mithilfe der Übungen in diesem Kapitel sind Sie gut ausgerüstet, um eine gründliche Bestandsaufnahme zu machen.

## Ihre Verletzungen

*Die Erinnerung ist wie ein Hund,*
*der sich hinlegt, wo er will.*
Cees Noteboom

Viele Menschen antworten auf die Frage nach ihrer Kindheit mit pauschalen Aussagen wie: »Ich hatte eine glückliche bzw. fürchterliche Kindheit.« Es lohnt sich jedoch, genauer hinzuschauen: Zum Glück haben nur wenige Menschen schlimme Traumata erlebt (z.B. Missbrauch, Misshandlung, Naturkatastrophen). Bei jedem Menschen gibt es jedoch kleinere Wunden, etwa durch unerfüllte Sehnsüchte oder schmerzhafte Erinnerungen in Form von einzelnen Äußerungen oder Erlebnissen. Für sich genommen erscheinen die erinnerten schmerzhaften Situationen vielleicht banal, sie sind es aber nicht, da sie sich tief in die Psyche eingegraben und Ihr Selbstbild geprägt haben.

Meistens können sich die Betreffenden an den genauen Wortlaut von einzelnen Sätzen erinnern:

- Frau T., die zur Ausbildung in eine andere Stadt ziehen möchte und von ihrer Mutter hört: »Was soll nur aus mir werden, wenn du weg bist?«
- Frau K. erinnert sich an eine Szene auf der Treppe im Elternhaus, als sie ungefähr 16 war. Ihre Mutter rief ihr damals hinterher, als sie sich nach einem Streit über ihr

unaufgeräumtes Zimmer zurückziehen wollte: »Eines Tages wirst du in deinem Dreck ersticken!«

- Frau G. schämte sich früher, andere Kinder mit zu sich nach Hause zu bringen, da ihr Vater, ein Alkoholiker, sich oft seltsam verhielt. Sie habe deshalb von einigen Freundinnen Ablehnung gespürt.

- Vater zu Herrn T., der in seiner Kindheit stotterte: »Es wird sich nie eine Frau für dich interessieren, du kannst ja noch nicht mal richtig reden.«

- Herr Z. erinnert sich daran, dass er als fünfjähriger Junge brennend gerne Fußball mit seinen Freunden im Verein spielen wollte. Seine Eltern begegneten diesem Wunsch mit Äußerungen wie: »Es ist zu kompliziert, dich immer zum Vereinsheim zu bringen. Du kannst doch auch Volleyball spielen.«

Als Kinder sind wir emotional von unseren Eltern abhängig. Auch wenn wir das natürlich gerne hätten, kann kein Vater, keine Mutter jederzeit hundert Prozent unserer Bedürfnisse erfüllen. Die menschlichen Grundbedürfnisse nach Sicherheit, Verbundenheit, Autonomie, Selbstachtung, Selbstausdruck und realistischen Grenzen können durch bestimmte Verhaltensweisen unserer Eltern in der Kindheit enttäuscht werden. Aufgrund dieser Enttäuschungen bilden sich Sehnsüchte, Kränkungen und Grundüberzeugungen über die eigene Person, die sich im weiteren Leben als Gefühls-, Gedanken- und Verhaltensmuster (sogenannte Schemata) immer wieder reflexartig in bestimmten Situationen zeigen. Freud sprach vom »Wiederholungszwang«, Young, Begründer der Schematheorie, von der »Ironie der Wiederholung«.

Bleiben diese Schemata unreflektiert, führen sie immer wieder zu konflikthaften Situationen, zum »falschen« Partner, Unzufriedenheit im Job o. ä. Die alten Sehnsüchte nach Sicherheit, Schutz, Verbundenheit, Akzeptanz, Autonomie bzw. Selbstentfaltung bleiben konserviert in Form von »wunden Punkten« und melden sich ungefragt in ähnlichen Situationen. Beispiele für die häufigsten Schemata sind (nach Young):

| *Enttäuschtes Bedürfnis* | *Schema* | *Gelernte Grundüberzeugung* |
|---|---|---|
| Sicherheit | Verlassenheit | Ich werde alleine dastehen. |
| | Misstrauen/ Missbrauch | Ich kann niemandem vertrauen. |
| Verbundenheit mit anderen | Emotionale Entbehrung | Ich werde nie die Liebe bekommen, die ich brauche. |
| | Soziale Isolation | Ich passe nicht hinein. |
| Autonomie | Abhängigkeit | Ich kann es nicht alleine schaffen. |
| | Verletzbarkeit | Ich muss mich vor der gefährlichen Welt schützen. |

| *Enttäuschtes Bedürfnis* | *Schema* | *Gelernte Grundüberzeugung* |
|---|---|---|
| Selbstachtung | Unzulänglichkeit | Ich bin wertlos. |
| | Versagen | Ich bin ein Versager. |
| Selbstausdruck | Unterwerfung | Ich mache es so, wie du es dir wünschst. |
| | Überhöhte Standards | Ich mache es nie gut genug. |
| Realistische Grenzen | Anspruchshaltung | Ich kann alles bekommen, was ich will. |

- Frau T. entwickelte ein »Helfersyndrom«, ihr blieben die Interessen anderer wichtiger als die eigenen, es bildete sich eine Angststörung heraus, die sie zunächst davon abhielt, konsequent aus dem Elternhaus auszuziehen. Die enttäuschten Bedürfnisse nach Autonomie und Selbstausdruck führten zur Herausbildung der Schemata »Unterwerfung« und »Verletzbarkeit«.
- Der »Fluch« der Mutter von Frau K. sollte sich bewahrheiten: Sie ließ später ihre eigene Wohnung vermüllen und war darüber sehr unglücklich. Das enttäuschte Bedürfnis nach Selbstachtung führte zur Herausbildung des Schemas »Versagen«.
- Frau G. führte später immer wieder Doppelleben in Form von parallelen Liebesbeziehungen und verschiedenen getrennten Freundeskreisen. Sie hatte die tiefe

Überzeugung entwickelt, dass sie besser bei anderen ankomme, wenn sie Teile ihrer Person verstecke. Gleichzeitig sehnte sie sich nach wirklicher Verbundenheit mit anderen Menschen. Die enttäuschten Bedürfnisse nach Verbundenheit und Selbstachtung führten zur Herausbildung der Schemata »Unzulänglichkeit« und »soziale Isolation«.

- Herr T. behielt sein Stottern bis ins Erwachsenenalter bei, und hatte eine so geringe Meinung von sich selbst, dass er sich sowohl von seiner Partnerin als auch von seinem Arbeitskollegen erniedrigen und respektlos behandeln ließ. Das enttäuschte Bedürfnis nach Selbstachtung führte zu der Herausbildung des Schemas »Unzulänglichkeit«.

- Herr Z. hatte gelernt, dass seine Bedürfnisse nicht so wichtig sind, dass sich niemand so richtig für ihn interessiert. Er machte sich im Erwachsenenalter oft gar nicht die Mühe, herauszufinden, was ihm selbst Spaß machen und guttun würde. Er vernachlässigte sein Äußeres, seine Gesundheit und seine Hobbies. Als ich ihn kennenlernte, schlief er auf dem Boden seines Büros, nachdem er sich von seiner Frau getrennt hatte. Oft sei er von anderen enttäuscht, da sie seine Bedürfnisse übergehen und ihn »hängen lassen«. Das enttäuschte Bedürfnis nach Verbundenheit führte zu der Herausbildung des Schemas »emotionale Entbehrung«.

Welches sind *Ihre* Verletzungen und enttäuschten Erwartungen?

## Übung: Beunruhigende Situation

Nehmen Sie sich ca. 20 Minuten persönliche Zeit. Schalten Sie alle potenziellen Störquellen aus (Telefone, Türklingel), bitten Sie andere Menschen darum, Sie in dieser Zeit nicht zu stören. Machen Sie es sich bequem (sitzen oder liegen, wie Sie wollen).

- Versetzen Sie sich nun in eine für Sie beunruhigende Situation zurück, die Sie mit einem Elternteil erlebt haben. Lassen Sie sich Zeit, vielleicht entstehen verschiedene Bilder, verschiedene Gedanken. Greifen Sie das Bild auf, das sich am deutlichsten zeigt.

- Was passiert in dieser Situation? Wie alt sind Sie? Wer ist noch anwesend? Was sehen Sie? Was hören Sie? Was fühlen Sie? Was denken Sie? Was fühlt Ihr Elternteil? Was denkt er?

- Führen Sie jetzt ein Gespräch mit Ihrem Elternteil. Sagen Sie ihm, was Sie sich in dieser Situation von ihm anders wünschen würden, auch wenn Ihnen das zunächst unmöglich erscheint. Und sagen Sie dies mit den Worten eines Kindes.

- Bleiben Sie bei dem Bild, bis die Szene endet. Wie fühlen Sie sich am Ende der Szene?

- Wie fühlen Sie sich jetzt? Wütend? Traurig? Verletzlich? All das sind natürliche Reaktionen auf das Wiedererleben von kindlichen Verletzungen, d. h. von unerfüllten Bedürfnissen.

- Nehmen Sie wahr, an welcher Stelle Ihre Eltern Ihren Bedürfnissen nicht gerecht geworden sind und empfinden Sie Mit-Leid für sich selbst.

Für alle Leser, bei denen sich jetzt ein schlechtes Gewissen gegenüber ihren Eltern regt: Dies hat nichts damit zu tun, dass Ihre Eltern Ihnen MUTWILLIG geschadet haben. Dies ist sicherlich nur bei ganz wenigen Ausnahmen der Fall. Ihre Eltern gaben ihr Bestes! Ob dies allerdings zu jedem Zeitpunkt auch immer das Beste für Sie war, können nur Sie beurteilen.

Nur wenn Sie Ihre Verletzungen als solche anerkennen, können sie verheilen. Als Kind waren Sie in puncto Bedürfniserfüllung auf Ihre Eltern angewiesen. Heute sind Sie es nicht mehr. Seien Sie sich selbst ein guter Elternteil!

## Übung: Fürsorgliches Eltern-Ich

Nehmen Sie sich ca. 30 Minuten persönliche Zeit. Schalten Sie alle potenziellen Störquellen aus (Telefone, Türklingel), bitten Sie andere Menschen darum, Sie in dieser Zeit nicht zu stören. Nehmen Sie sich mehrere Seiten Schreibpapier sowie einen Stift und setzen Sie sich an einen für Sie angenehmen Ort.

- Schreiben Sie nun mit Ihrer nicht-dominanten Hand (das ist die Hand, mit der Sie üblicherweise nicht schreiben) aus der Perspektive Ihres bedürftigen verletzten Kindes, wie Sie sich in der Situation gefühlt haben und was Sie sich stattdessen von Ihren Eltern wünschen.

- Anschließend schreiben Sie mit der dominanten Hand dem Kind eine Antwort aus Ihrem fürsorglichen Eltern-Ich. Sozusagen eine Ideal-Antwort, die dem Kind alles gibt, was es in dem Moment braucht.
- Bewahren Sie diese Antwort gut auf und bitten Sie Ihre aktuellen Bezugspersonen darum, Sie genau so zu behandeln (wenn sie es nicht sowieso schon tun!).
- Vergleichen Sie Ihre Ergebnisse mit Ihren Aufzeichnungen zur Übung »Eine Pflegeanleitung für mich selbst« im Kapitel *Wenn es nur nach mir ginge …*).

---

! Wenn Sie Ihre eigenen Bedürftigkeiten und Empfindlichkeiten kennen und sich selbst darum kümmern, werden Sie weniger verletzlich und selbstbestimmter durchs Leben gehen!

## Von Schatten und Antitypen

Kinder sind wie Schwämme – sie saugen alles in sich auf. Auch Sie! Ob Sie es sich gerne eingestehen oder nicht, Sie haben sich vieles von den Personen abgeguckt, mit denen Sie Ihre ersten Lebensjahre verbracht haben. »Ich wollte nie so werden wie meine Mutter.« »Ich werde mit meinen Kindern später alles anders machen als meine Eltern.« Vielleicht sprechen diese Sätze Ihnen aus der Seele, dann haben Sie sich für den »Trotz« als Bewältigungsform für Ihr »Persönlichkeits-Erbe« entschieden. Allerdings ist »Trotz das Gegenteil wirklicher Unabhängigkeit« (Max Frisch), denn Sie haben innerlich nicht die Freiheit, sich für etwas zu entscheiden, obwohl Ihre Eltern es wollen. C. G. Jung nennt die Persönlichkeitseigenschaften, gegen die wir kämpfen, »Schatten«. Oft regen uns genau diese Eigenschaften bei anderen Menschen besonders auf. Wir erleben diese Menschen dann, ohne die genauen Gründe dafür nennen zu können, als »Antitypen«. Werden wir plötzlich mit einem dieser »blinden Flecken« konfrontiert, sei es im Job oder in der Partnerschaft, fühlen wir uns häufig wütend und machtlos.

### Übung: Spüren Sie Ihre Schatten auf!

- Erstellen Sie eine Liste mit fünf Personen aus dem Berufs- und Privatleben, die Ihnen besonders auf die Nerven gehen und mit denen Sie am liebsten keinen Kontakt haben wollen (sogenannte »Antitypen«).
- Fragen Sie sich: »Welche Eigenschaften finde ich an diesen Personen besonders unangenehm?« Sammeln Sie all diese Eigenschaften. Nutzen Sie dazu das Arbeitsblatt »Schatten« oder Ihr Reisetagebuch.

Prüfen Sie für jede Eigenschaft und setzen Sie eine Prozentzahl ein:

- Hat meine Mutter diese Eigenschaft?
- Hat mein Vater diese Eigenschaft?
- Habe ich selbst diese Eigenschaft?
- Wie könnte ich diese Eigenschaft positiv umformulieren?
- Hätte ich gern etwas mehr davon? Welche Vorteile hätte das für mich?
- In welchen Punkten könnte ich diesbezüglich von diesen Personen lernen?
- Welches ist die nächste konkrete Situation, in der ich dies ausprobieren könnte?

| Eigenschaft | Mutter % | Vater % | Ich selbst % | Positive Umformulierung | Vorteile | Ausprobieren |
|---|---|---|---|---|---|---|
| | | | | | | |
| | | | | | | |
| | | | | | | |
| | | | | | | |
| | | | | | | |
| | | | | | | |
| | | | | | | |
| | | | | | | |
| | | | | | | |
| | | | | | | |

Versöhnen Sie sich mit Ihren »Schatten«, lassen Sie Ihre Persönlichkeitseigenschaften zu einem guten »inneren Team« zusammenwachsen, mit dem Sie schlagkräftig und selbst-bewusst durch die Welt gehen können, wenn Sie es gut führen (s. auch Kapitel: *Wer bin ich und wer bin ich noch?*).

Und hier noch ein Trost für alle Noch-Skeptiker: Sie *können* gar nicht genauso sein wie Ihre Mutter oder Ihr Vater, dagegen spricht schon die Genetik! Sie sind ein ganz einzigartiger Mensch. Das genetische Erbmaterial wurde jeweils zur Hälfte von Mutter und Vater beigesteuert. Heute weiß man aus Studien mit eineiigen Zwillingen bzw. Adoptivkindern, dass Persönlichkeitseigenschaften wie z.B. Intelligenz oder Extraversion (Geselligkeit) etwa zur Hälfte genetisch bedingt sind, der Rest wird durch Lernerfahrungen beeinflusst.

## Vater, Mutter, Kind

Auch Rollenbeschreibungen innerhalb einer Familie saugen wir als Kind auf wie ein Schwamm. Unbewusst verhalten wir uns dementsprechend und erschaffen somit immer wieder ähnliche Beziehungsmuster. Manchmal passen diese Muster und Rollenverteilungen nicht zu unseren persönlichen Bedürfnissen. Dann entsteht Unzufriedenheit und vielleicht die ewige frustrierende Suche nach dem Märchenprinzen bzw. der Märchenprinzessin. Was haben Sie an Rollenvorstellungen über Männer und Frauen damals mitgenommen? Die folgende Übung gibt Ihnen Aufschluss darüber:

### Übung: Satzergänzungstest

Wie würden Ihre Mutter bzw. Ihr Vater folgende Sätze vervollständigen?

*Frauen sind …*

Mutter:
Vater:

*Männer sind …*

Mutter:
Vater:

*Wenn man sich liebt, dann …*

Mutter:
Vater:

*Sinn einer Ehe/Partnerschaft zwischen Mann und Frau ist …*

Mutter:
Vater:

*Sexualität ist …*

Mutter:
Vater:

*Kinder sind …*

Mutter:
Vater:

- Wie würden Sie selbst diese Sätze vervollständigen? Sind Sie von einem oder beiden Elternteilen geprägt, und sei es aus Trotz, indem Sie das Gegenteil anstreben?

- Für Mutige: Diskutieren Sie diese Übung mit Ihrem Partner – Sie lernen sich gegenseitig in kurzer Zeit um Lichtjahre besser kennen!

## Äußerer und innerer Lebenslauf

Bestimmt haben Sie schon einmal Ihren Lebenslauf geschrieben, also die Fakten Ihres bisherigen Lebens zusammengetragen, wie z.B. Einschulung, Schulabschluss, Berufsausbildung, Job 1, Job 2, Umzüge, Partnerschaft 1, Partnerschaft 2, Geburt der Kinder, Trennungen, Auslandsaufenthalte usw., die auch ein neutraler Beobachter, z.B. eine Kamera wiedergeben könnte. Wie schon oben beschrieben, ist Ihre aktuelle Persönlichkeit, Ihr aktuelles Selbst, mindestens zur Hälfte das Ergebnis Ihrer Erfahrungen. Ein ganzer Forschungszweig, die sogenannte Live-Event-Forschung, hat sich in den 70er Jahren mit den Auswirkungen von konkreten Erfahrungen (»live events«) auf das Wohlbefinden beschäftigt. Entgegen der ursprünglichen Annahme, dass ähnliche »live events« bei unterschiedlichen Menschen auch eine ähnliche Reaktion hervorrufen, weiß man heute, dass erst die Kombination zwischen äußerem Ereignis und Bewertung durch die eigene Person die gefühlte Bedeutung bzw. Belastung ergibt. Damit wären wir beim »inneren Lebenslauf«: Dieser besteht aus bedeutsamen Erlebnissen, die Sie in irgendeiner Art und Weise für Ihr weiteres Leben geprägt haben, wie ein »Stempel«. Wie ich etwas bewerte, hängt von meinem Temperament und meinen Vorerfahrungen ab (siehe auch *»Wenn es nur nach mir ginge ...«*, *»Ihre Verletzungen« bzw. »Ich denke, also bin ich«*).

## Übung: Innerer und äußerer Lebenslauf

Teil 1

- Nutzen Sie das Arbeitsblatt »Lebenslauf« oder zeichnen Sie eine Zeitachse in Ihr Reisetagebuch.
- Tragen Sie zunächst auf der linken Seite Ihrer Zeitachse alle Fakten Ihres bisherigen Lebens zu Ihrem entsprechenden Lebensalter ein. Dazu gehören: Geburtsdatum, Umzüge, Einschulung, Schulwechsel, Schulabschlüsse, Ausbildungen, Jobs, Partnerschaften, Hochzeit, Geburt von Kindern, Fehlgeburten, Abtreibungen, Krankheiten, Trennungen, Tod von wichtigen Menschen usw. Fragen Sie sich: Wenn ich mein Leben verfilmen würde, welche Lebensstationen würden darin zu sehen sein?

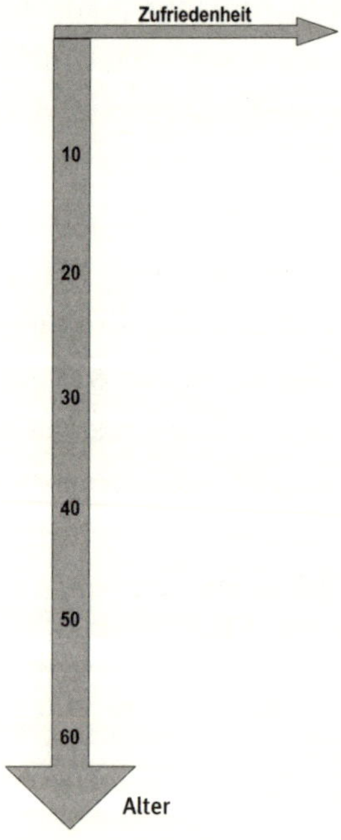

So sähe der äußere Lebenslauf von Frau T. aus:

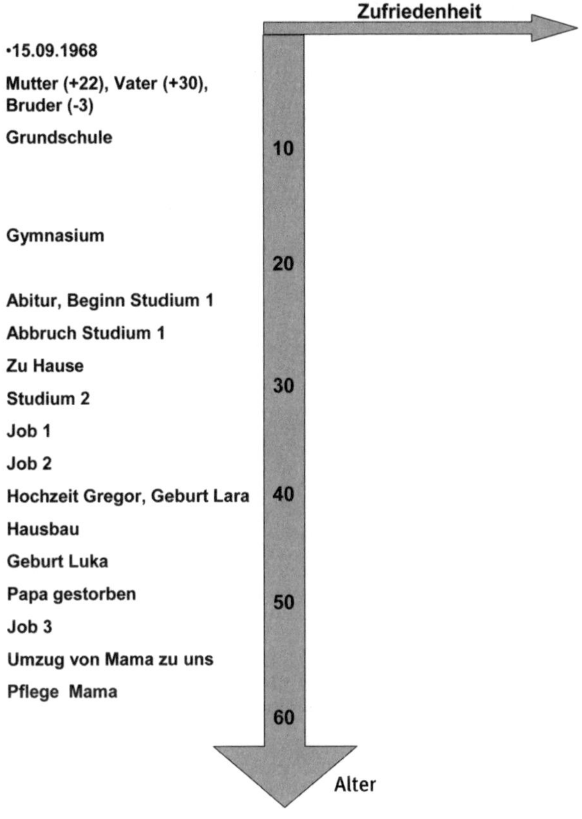


Teil 2

- In einem zweiten Schritt überlegen Sie sich: Welche Erlebnisse bzw. Äußerungen haben mich nachhaltig in meiner Persönlichkeit geprägt?
- Versuchen Sie, diese Prägungen zu benennen und tragen Sie diese passend zum jeweiligen Lebensabschnitt

auf der gegenüberliegenden, rechten Seite ein. Beispiele für diese Prägungen können Aufträge sein, die Sie von bestimmten Menschen bekommen haben oder Überzeugungen, die aus einer bestimmten Lebensphase entstanden sind. Tragen Sie auch die Verletzungen ein, die Sie in der Übung *»Meine Verletzungen«* für sich herausgefunden haben.

- Frau T. würde ihren inneren Lebenslauf folgendermaßen schreiben:

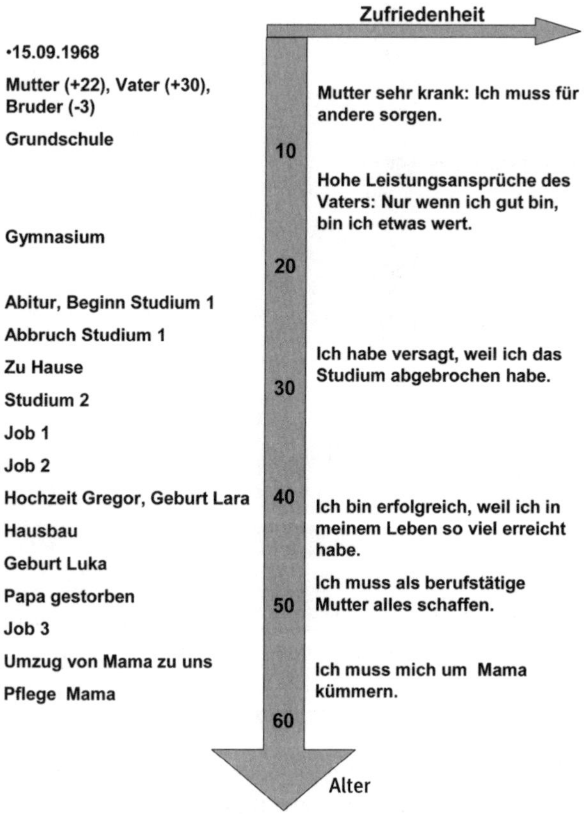

- Tragen Sie nun Ihre Zufriedenheit in den verschiedenen Lebensabschnitten in Form einer Kurve ein.
- So bekommen Sie Informationen darüber, unter welchen Lebensbedingungen Sie sich besonders wohl bzw. unwohl gefühlt haben.
- Finden Sie vielleicht Muster heraus?
- Gibt es Lebensphasen, in denen Sie wichtige Grundbedürfnisse (s. Kapitel *Wenn es nur nach mir ginge …*) besonders berücksichtigt bzw. besonders vernachlässigt haben? Hat sich das in Ihrem Wohlbefinden niedergeschlagen?
- Hier die Zufriedenheitskurve von Frau T.:

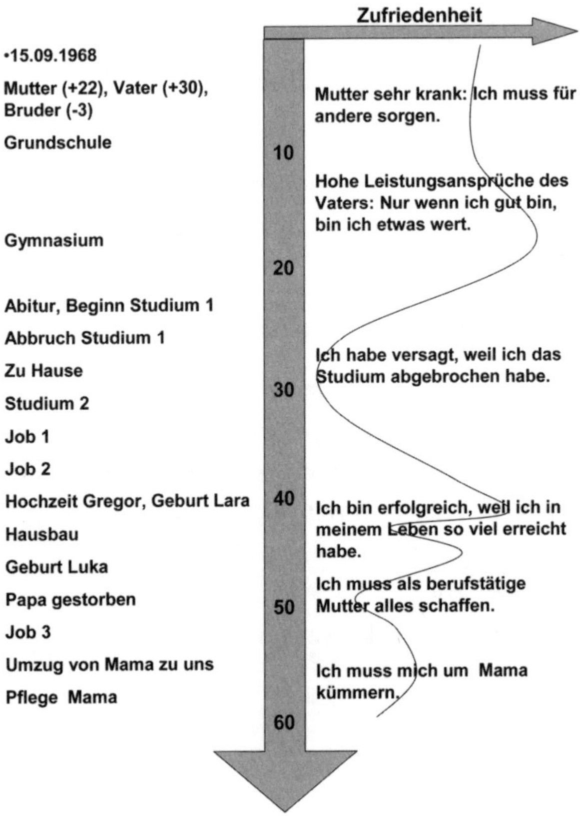


Wie Sie bestimmt bemerkt haben, haben Ihr äußerer und Ihr innerer Lebenslauf nur bedingt etwas miteinander zu tun.

Es sind nämlich weniger die tatsächlichen Ereignisse, die uns widerfahren, als vielmehr unsere Interpretation und Einordnung dieser Ereignisse, die unsere Lebensgeschichte ausmachen (siehe auch Kapitel *Ich denke, also bin ich*). Auf diese Weise stricken wir an unserer »Lebenslegende« und geben unserem Leben Sinn und Bedeutung. Aus der narrativen Psychologie ist bekannt, dass die Art, wie wir unser Leben erzählen, unser Wohlbefinden in der Gegenwart und in der Zukunft beeinflusst. Wenn wir uns als Opfer darstellen, dann fühlen wir uns heute und morgen auch als Opfer und werden Ereignisse weiterhin als Schicksalsschläge deuten. Schreiben wir eher eine Erfolgsgeschichte, sind wir neugierig auf das, was die Welt für uns an Möglichkeiten bereithält.

Zum Abschluss dieses Kapitels, in dem Sie sich mit Ihrer persönlichen Geschichte auseinandergesetzt haben, dürfen Sie nun Ihre persönliche Legende erzählen:

## Übung: Die Legende Ihres Lebens

### Teil 1

- Stellen Sie sich vor, Sie sind die Hauptfigur in einem Roman. Beginnen Sie mit den Worten: »Es war einmal ein Mädchen/ein Junge ...«
- Erzählen Sie den Lebensweg dieser Hauptfigur in der dritten Person von Ihrer Geburt bis zum heutigen Tag.
- Schreiben Sie Ihre Geschichte auf!
- Lesen Sie sie sich selbst oder einer Person Ihres Vertrauens laut vor und achten Sie auf die Wirkung.
- Was für eine Geschichte hören Sie da? Wenn man sie als Drehbuch für eine Verfilmung nehmen würde, welches

Genre würde sich ergeben? Tragödie? Komödie? Romanze? Erfolgsstory?

### Teil 2

- Wiederholen Sie die Übung, allerdings mit der Vorgabe, dass Ihre Hauptfigur ein Opfer ist. Selbst, wenn Sie es an manchen Stellen nicht so empfinden, halten Sie es konsequent durch.
- Schreiben Sie Ihre Geschichte auf!
- Lesen Sie sie sich selbst oder einer Person Ihres Vertrauens laut vor und achten Sie auf die Wirkung.

### Teil 3

- Wiederholen Sie die Übung, allerdings mit der Vorgabe, dass Ihre Hauptfigur ein Held/eine Heldin ist. Selbst, wenn Sie es an manchen Stellen nicht so empfinden, halten Sie es konsequent durch.
- Schreiben Sie Ihre Geschichte auf!
- Lesen Sie sie sich selbst oder einer Person Ihres Vertrauens laut vor und achten Sie auf die Wirkung.

# Wer bin ich – und wer bin ich noch? – Rundblick auf Ihre Rollen

*I'm a bitch I'm a lover,*
*I'm a child I'm a mother,*
*I'm a sinner I'm a saint,*
*I do not feel ashamed*
Meredith Brooks

In diesem Kapitel geht es um das Thema Beziehungen: Sie ergründen sowohl Ihre innere Beziehungswelt, nämlich die Beziehungen zwischen Ihren verschiedenen Eigenschaften, als auch Ihre Beziehungen nach außen, zu anderen Menschen.

Am Ende dieses Abschnitts Ihrer Entdeckungsreise werden Sie viele Ideen dazu haben, wie Sie als soziales Wesen nach innen organisiert und nach außen vernetzt sind.

## Sie sind viele

Wie alle anderen Menschen haben sie wahrscheinlich Ihre Schokoladenseite, das sind Eigenschaften, auf die Sie stolz sind, die Sie gerne nach außen präsentieren. Genauso kennen Sie wahrscheinlich auch Seiten an sich selbst, die Ihnen nicht besonders gut gefallen. Und letztlich wird es Eigenschaften in Ihnen geben, von denen Sie nichts ahnen, weil diese noch nicht zum Vorschein kommen konnten bzw. durften (s. a. Übung *»Spüren Sie Ihre Schatten auf«* im Kapitel *Wer vor der Vergangenheit flieht, verliert immer das Rennen*).

Bei der nächsten Übung geht es darum, Ihre unterschiedlichen Eigenschaften in der ganzen Vielfalt zu erkennen und deren Beziehungen untereinander zu beleuchten.

Im ersten Teil beschäftigen Sie sich mit Ihrem sogenannten *Selbstkonzept*, d. h. Sie schärfen Ihre Wahrnehmung für Ihre Eigenschaften in ihrer Vielfalt und Einzigartigkeit.

Im zweiten Teil der Übung geht es um die strategische Aufstellung Ihrer Eigenschaften für Kontakte mit der Außenwelt. Diesen Aspekt des Selbst nennt man »öffentliches Selbst«. Das öffentliche Selbst ist eine Teilmenge Ihrer Eigenschaften, die u. a. durch Ihr Verhalten für andere sichtbar wird. Diese beiden Übungen bauen aufeinander auf, denn: Je klarer Ihr Selbstkonzept, desto gezielter können Sie für verschiedene Situationsanforderungen die passenden Eigenschaften einsetzen und die Situationen erfolgreich meistern.

## Übung: Meine innere Mannschaft

Teil 1

Stellen Sie sich vor, Ihre verschiedenen Eigenschaften sind Mitglieder einer Mannschaft – wenn Sie mögen, vielleicht einer Fußballmannschaft – oder einfach ein inneres Team. Der erste Schritt der Übung besteht darin, die einzelnen Spieler kennenzulernen:

- Mit welchen Eigenschaften würden Sie sich selbst beschreiben? Was ist typisch für Sie? Machen Sie eine Liste mit allen Eigenschaften, die Ihnen einfallen.
- Wie würden andere, z.B. Ihr Partner/Ihre Partnerin, Ihre beste Freundin, Ihre Kollegin, Ihre Mutter, Ihr Vater, Ihr Kunde Sie beschreiben? Listen Sie auch diese Eigenschaften auf. Ganz Mutige holen sich verschiedene Fremdbilder ein: Fragen Sie drei Personen direkt nach jeweils fünf Eigenschaften, die sie an Ihnen typisch finden.
- Schreiben Sie nun jede ermittelte Eigenschaft einzeln auf einen kleinen Zettel, so können Sie später flexibel damit arbeiten. Breiten Sie alle Zettel gut sichtbar vor sich aus. Voilà – vor Ihnen liegt Ihr Spielerkader!

Teil 2

Im nächsten Schritt geht es um die aktuelle Beziehung Ihrer inneren Spieler untereinander. Stellen Sie sich dazu folgende Fragen:

- Welche Eigenschaften sind verwandt oder unterstützen sich gegenseitig? Verdeutlichen Sie diese Verbindungen, indem Sie die entsprechenden Zettel als Gruppe legen.
- Welche Eigenschaften stehen sich gelegentlich gegenseitig im Weg? Welche Eigenschaft ist dabei der Störer, welche das Opfer?
- Welche Eigenschaften zeigen sich im Alltag und sind für andere sichtbar?
- Gibt es »heimliche« Eigenschaften, die versteckt oder verboten sind?
- Welche Eigenschaften erleben Sie als nützlich und würden Sie gerne noch öfter einsetzen? Was hat Sie bisher daran gehindert?

### Teil 3

Nun geht es um verschiedene Mannschaftsaufstellungen. Sie sind übrigens der Trainer, der die Position einzelner Spieler festlegen bzw. verändern kann. Ist Ihnen das eigentlich bewusst?

Probieren Sie verschiedene Aufstellungen für Ihre unterschiedlichen Lebenskontexte, z. B. für die Partnerschaft, den Job, für den Umgang mit bestimmten Personen oder Fragestellungen. Fragen Sie sich für jeden Kontext:

- Welche meiner Eigenschaften sind in diesem Kontext besonders passend und wichtig (= Ressourcen), damit ich die Situation erfolgreich meistere? Platzieren Sie diese Spieler im Sturm!

- Welche Eigenschaften sind im Hintergrund wichtig? Damit haben Sie Ihre Abwehr festgelegt. Diese schützt sie und wirkt ausgleichend.
- Schicken Sie für die Situation hinderliche oder irrelevante Eigenschaften auf die Reservebank!

---

**!** Durch eine situationsgerechte Mannschaftsaufstellung beweisen Sie Anpassungsfähigkeit und sind gut gerüstet für ein erfolgreiches Spiel!

- Hier eine Mannschaftsaufstellung von Frau V., von Beruf Lehrerin, für eine bevorstehende Konferenz:

| | | | |
|---|---|---|---|
| **Sturm** | engagiert | zielstrebig | |
| | klar | strukturiert | kollegial |
| **Abwehr** | pragmatisch | selbstsicher | |
| **Reservebank** | ungeduldig | unsicher | |
| | misstrauisch | Harmonie liebend | |

## Sie sind nach außen vernetzt

Das soziale Netzwerk einer Person stellt einen wichtigen Gesundheits- und Wohlfühlfaktor dar. Eine besonders interessante Erkenntnis aus der psychologischen Forschung der letzten Jahrzehnte ist, dass nicht unbedingt die Anzahl der Beziehungen, sondern die Qualität dieser Beziehungen von Bedeutung für Ihr Wohlbefinden ist. Mit anderen Worten: Zwei gute Freunde können Sie glücklicher machen als ein Stall voller Bekannter! Mit der folgenden Übung verschaffen Sie sich einen Überblick über Ihr persönliches Beziehungsnetz.

### Übung: Mein Beziehungsnetz

---

Teil 1

- Listen Sie zunächst alle Personen auf, die in Ihrem Leben aktuell eine Bedeutung haben.

Teil 2

- Malen Sie in Ihrem Reisetagebuch in die Mitte eines Blattes einen Kreis und beschriften Sie ihn mit dem Wort ICH. Dies ist der Knotenpunkt in Ihrem sozialen Netzwerk. Sie können auch das folgende Arbeitsblatt für diese Übung nutzen.

- Malen Sie nun wie bei einem Spinnennetz Achsen ein, die beim Mittelpunkt beginnen und sich sternförmig davon entfernen.

- Tragen Sie jede einzelne Person aus Ihrer Liste in die Zeichnung ein, und zwar jeweils in dem gefühlten Abstand zum Knotenpunkt, d.h. mit der für Sie passenden aktuellen Nähe bzw. Distanz. Je geringer der Abstand, desto mehr fühlen Sie sich mit dieser Person verbunden. Das muss nicht unbedingt etwas mit der Kontakthäufigkeit zu tun haben. Hier geht es eher um die gefühlte Wichtigkeit dieser Person in Ihrem aktuellen Leben.

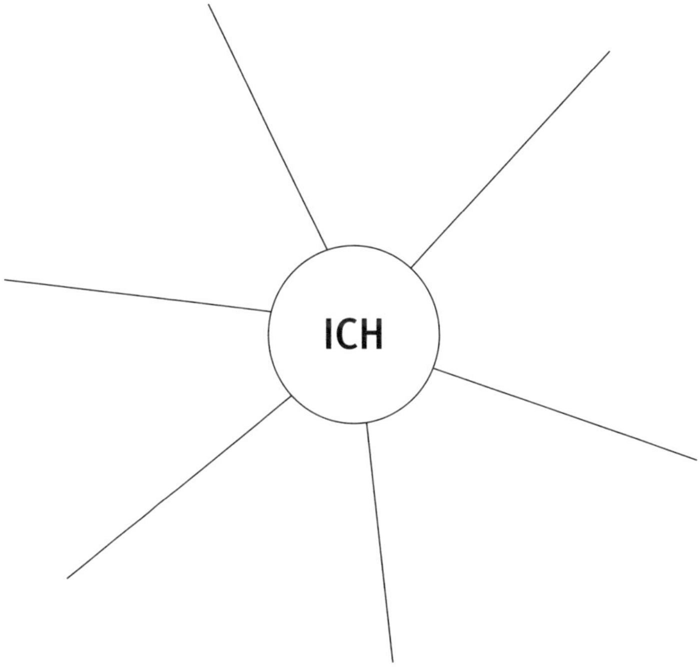


- Verbinden Sie die Personen aus Ihrem persönlichen Netzwerk mit konzentrischen Kreisen.

Das Beispiel von Frau S. veranschaulicht dieses Vorgehen:

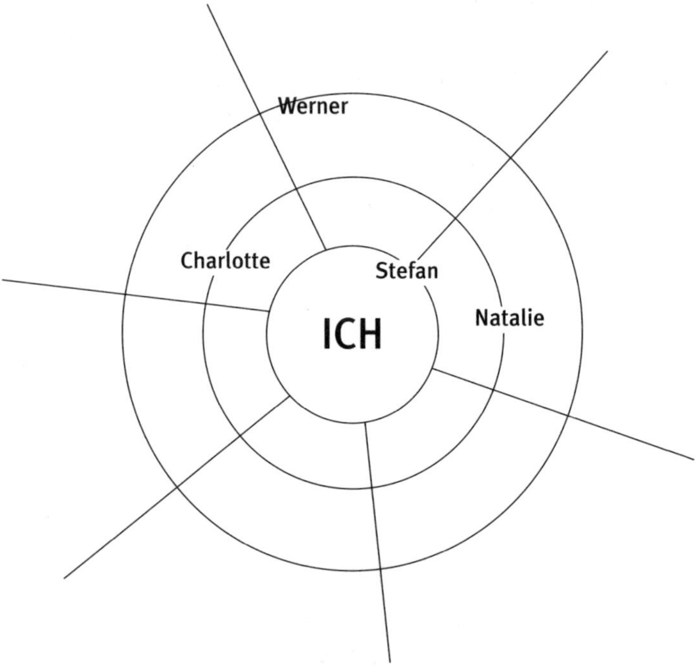


Teil 3

Stellen Sie sich folgende Fragen:

- Wen bitten Sie um Hilfe, wenn Probleme auftauchen?
- Wer weiß Bescheid darüber, wie es Ihnen wirklich geht?
- Mit wem teilen Sie Ihre Freude? Mit wem teilen Sie Ihren Kummer?
- Erleben Sie Ihr Netz als tragfähig? Ist es engmaschig genug für Ihre Bedürfnisse in verschiedenen Situationen? Wenn nein, was hätten Sie gerne anders?

Schauen Sie sich Ihr persönliches Beziehungsnetz genau an: In schlechten Zeiten fängt es Sie auf, wenn Sie es zulassen. In guten Zeiten kann es Ihnen zu Luftsprüngen verhelfen – wie ein Trampolin!

## Sie sind für jeden etwas anderes

Meredith Brooks singt in Ihrem Lied, dass Sie sich nicht dafür schämt, eine Hure und eine Liebhaberin, ein Kind und eine Mutter, eine Sünderin und eine Heilige zu sein. »Die ganze Welt ist eine Bühne«, stellte schon Shakespeare in seinem Stück »Wie es Euch gefällt« fest. Bei jeder Begegnung, in jeder sozialen Situation existieren automatisch Rollenerwartungen. Je nachdem, welchen Ausschnitt Ihres Lebens Sie beleuchten, erfüllen Sie unterschiedliche Rollen. Kennen Sie all Ihre Rollen? Welche leben Sie mehr, welche weniger? Wie bringen Sie die »Kollegin, Ehefrau, Mutter, Vorgesetzte, ...« unter einen Hut? Wie verteilen Sie Ihre Zeit und Energie auf die verschiedenen Rollen? Diesen Fragen begegnen Sie in diesem Kapitel. Sie beschäftigen sich mit Ihren unterschiedlichen Lebenskontexten, denn Sie sind Teil verschiedener Systeme, z.B. Teil des Systems Partnerschaft, Familie, Teil der Abteilung in der Firma, der Projektgruppe, des Vereins etc. Und – Sie sind für jeden etwas anderes!

### Übung: Mein Rollenkuchen

#### Teil 1

Im ersten Abschnitt dieser Übung geht es darum, Ihre Rollen herauszufinden und zu benennen. Listen Sie zunächst alles auf, was Ihnen einfällt. Fragen Sie sich: In welchen Systemen bewege ich mich während eines typischen

Tages bzw. einer typischen Woche? Mit welchen Menschen bin ich zusammen und welche Rolle nehme ich jeweils ein?

- Beispiel: Frau S. hat für sich folgende Rollen herausgefunden: Partnerin, Geliebte, Mutter, Familienmanagerin, Putzfrau, Tochter, Schwester, Freundin, Kollegin, Vorgesetzte, Mitarbeiterin, Tennispartnerin und ehrenamtliche Helferin.

Teil 2

- Stellen Sie sich vor, Ihre gesamte zur Verfügung stehende Zeit im Wachzustand (abzüglich der Zeit, die Sie für Körperhygiene und Nahrungsaufnahme benötigen) sei darstellbar durch einen Kuchen. Diesen Kuchen teilen sich Ihre verschiedenen Rollen – jede kriegt ein Stück ab.

- Jetzt geht es darum, die Größe der Stücke zu ermitteln, so dass Sie den IST-Zustand abbilden. Fragen Sie sich zu jeder Rolle: »Wie viel Prozent meiner Zeit widme ich momentan dieser Rolle? Schreiben Sie dazu in Ihrer Liste zunächst eine Prozentzahl dieses IST-Zustands hinter jede Ihrer Rollen. ACHTUNG: Mehr als hundert Prozent geht nicht!

- Zeichnen Sie nun Ihren Rollen-Kuchen, indem Sie jeder Rolle ein entsprechend großes Stück zuteilen.

- So sieht der Kuchen von Frau S. aus:

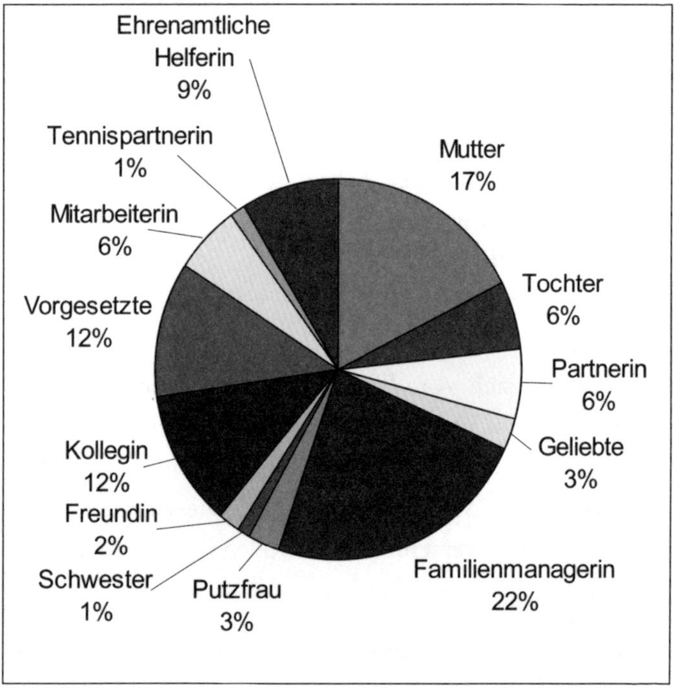


Teil 3
Stellen Sie sich folgende Fragen zu *Ihrem* Kuchen:

- Konnten Sie mühelos alle Rollen unterbringen? Wenn Ihr Kuchen hinten und vorne nicht für all Ihre Rollen reichte, dann könnte dies auf einen Ziel-Overload und damit verbundene chronische Überforderung und Frustration hinweisen (siehe auch das Kapitel *Ausblicke auf Ihre Vision*). Wollen Sie vielleicht alles und das sofort?

- Frau S. war sehr aufgewühlt, als sie versuchte, all ihre Rollen in ihrem Kuchen unterzubringen. Sie spürte eine körperliche Enge im Brustbereich bei gleichzeitiger innerer Unruhe. Überforderungsgefühle und schlechtes Gewissen waren Empfindungen, die sich meldeten, als es darum ging, ihre Zeit auf die verschiedenen Rollen zu verteilen. Im anschließenden Gespräch wurde deutlich, dass diese Empfindungen auch häufig im Alltag von Frau S. auftauchten, wenn sie versuchte, allen Rollen gerecht zu werden. Ihre Zeit und Energie reichten oft einfach nicht aus, um alle zufrieden zu stellen. So kam es immer wieder zu Hilflosigkeits- und Erschöpfungsgefühlen.

- Fehlen vielleicht Rollen, die Sie gerne einnehmen würden? Würden Sie vielleicht gerne Mutter sein oder Partnerin, obwohl es in Ihrem aktuellen Leben keine Partnerschaft bzw. eigene Familie gibt?

- Gibt es Rollen, die Sie gerne abgeben bzw. »outsourcen« würden? Überlegen Sie sich: Müssen Sie alle Rollen wirklich selbst einnehmen? Oder ließe sich die ein oder andere Rolle auch delegieren?

- Gibt es Rollen, die Sie eher »spielen« als »leben«? Gibt es an der Stelle vielleicht nur wenige Übereinstimmungen zwischen den Anforderungen dieser Rolle und Ihren Eigenschaften? Haben Sie manchmal den Eindruck, Sie tragen eine Maske, müssen sich also verstellen?

- Welche Aufträge spüren Sie zu jeder Rolle? Sollen Sie als Mutter uneitel, geschlechtsneutral und selbstlos sein? Als Geliebte attraktiv, ausgeschlafen und sexy, als Familienmanagerin perfekt und rund um die Uhr ansprechbar, als Mitarbeiterin gleichzeitig kommunikativ und verschwiegen und als Vorgesetzte durchsetzungsstark und kollegial sein? Spüren Sie die ausgesprochenen und unausgesprochenen Erwartungen auf.

- Welche Aufträge davon möchten Sie annehmen? Welche nicht? Welche nur in veränderter Form?

- Würden Sie Ihre Zeit gerne anders auf die Rollen verteilen?

- Wenn Sie diese Frage mit JA beantwortet haben, backe Sie Ihren Kuchen noch einmal neu, und zwar mit der Leitfrage: *Wie würde ich meine Zeit verteilen, wenn ich ganz frei entscheiden könnte*? Legen Sie den alten und den neuen Kuchen nebeneinander und nehmen Sie die Spannung wahr, die durch den Unterschied entsteht.

- Der Wunschkuchen von Frau S. unterschied sich von Ihrem IST-Kuchen an einigen Punkten stark in Bezug auf die Rollengewichtung: Eigentlich wollte sie gerne deutlich mehr Zeit in ihren Rollen als Partnerin und Freundin verbringen, als es aktuell der Fall war. Gleichzeitig bemerkte sie, dass die Kuchenstücke für die Rollen »Familienmanagerin« und »Mutter« einen großen Teil ihrer Zeit beanspruchten. Sie begann darüber nachzudenken, inwieweit sie Aufgaben an andere Familienmitglieder oder auch an externe Personen delegieren könnte.

Die Spannung, die Sie jetzt vielleicht wahrnehmen, wenn Sie den Unterschied zwischen Ihrem IST- und Ihrem SOLL-Kuchen betrachten, kann der Treibstoff für wichtige Veränderungen in Ihrem Leben sein! Verbringen Sie Ihre Zeit möglichst so wie es zu Ihren Bedürfnissen passt!

Leider gibt es zahlreiche Beispiele dafür, dass Menschen Rollen innehaben, die massiv im Konflikt zu eigenen Eigenschaften bzw. Grundbedürfnissen stehen. Die Folgen sind Selbstverleugnung, psychischer Stress, berufliches und menschliches Scheitern:

- Der Fußballprofi, der sich aus Scham über seine Homosexualität das Leben nimmt.
- Der Manager, der immer wieder überfordert ist, wenn Durchsetzungskraft und Führung verlangt wird.
- Die Karrierefrau, die als Vollzeitmutter in der Elternzeit frustriert ihre Familie anraunzt.

Wählen Sie Ihre Rollen so aus, dass sie möglichst gut durch Ihre Eigenschaften abgedeckt werden! Nur dann können Sie sich gut mit diesen Rollen identifizieren und die entsprechenden Anforderungen zufrieden und unangestrengt erfüllen.

# Kein Mensch beginnt zu sein, bevor er seine Vision empfangen hat – Ausblicke auf Ihre Vision

Auf dieser Reiseetappe lade ich Sie ein, Ihren Blick in die Zukunft zu richten. Sie werden sich intensiv mit den Themen *Vision, Mission* und *Ziele* auseinandersetzen.

Zuerst schwelgen Sie in der Welt der Wunder und Träume. Anschließend ergründen Sie Ihre Mission, also Ihren gefühlten Auftrag in diesem Leben. Schließlich geht es darum, wie Sie aus alldem Ziele und konkrete nächste Schritte ableiten.

## Die Frage nach dem Wohin: Ihre Vision

*Denn ein Schiff erschaffen heißt nicht die Segel hissen,*
*die Nägel schmieden, die Sterne lesen,*
*sondern die Freude am Meer wachrufen.*
Aus: Antoine de Saint-Exupéry, *Die Stadt in der Wüste*

*»Würdest du mir bitte sagen,*
*welchen Weg ich einschlagen muss?«*
*»Das hängt in beträchtlichem Maße davon ab,*
*wohin du gehen willst«, antwortete die Katze.*
*»Oh, das ist mir ziemlich gleichgültig«, sagte Alice.*
*»Dann ist es auch einerlei, welchen Weg du einschlägst«,*
*meinte die Katze.*
Aus: Lewis Carroll, *Alice im Wunderland*

Es gibt verschiedene Möglichkeiten, sich auf dem Lebensweg fortzubewegen: Unseren Weg gehen wir alle, fragt sich nur, wie bewusst wir dies tun.

Auf welche Weise bewegen Sie sich in Ihrer aktuellen Lebenssituation fort?

Werden Sie eher geschoben oder zu etwas hingezogen? Spüren Sie eine Richtung oder gehen Sie so vor sich hin? Fühlt es sich an, als ob Sie stillstehen?

## Wünschen Sie sich was!

Sind Sie manchmal so sehr mit der Bewältigung des Alltags beschäftigt, dass Sie gar nicht mehr dazu kommen, an Ihre zentralen Anliegen im Leben zu denken? Dann geht es Ihnen wie mindestens 99,9 Prozent der Menschheit! Das Dringende nimmt oft einen unverhältnismäßig großen Raum im Verhältnis zum wirklich Wichtigen ein.

Oft sind Menschen im Alltag und im »Geht nicht« gefangen, so dass sie das Träumen und Wünschen vorübergehend vergessen. Wenn ich ihnen dann gegenübersitze und mich als gute Fee ausgebe, die ihnen drei Wünsche erfüllen könne, ernte ich ungläubige Blicke und oft erst einmal Schweigen. Dabei macht Wünschen doch so viel Spaß! Als Kinder tun wir das ständig, der Weihnachts-Wunschzettel meiner Tochter ist im Sommer schon mehrere Seiten lang. Ihre Vorfreude darauf, dass das Wunder geschehen möge, riesengroß! Was sie davon dann am 24. 12. wirklich unter dem Weihnachtsbaum findet, steht auf einem anderen Blatt Papier. Die Tatsache, dass die Wünsche konkret geäußert auf einem Stück Papier zu lesen sind, erhöht zumindest enorm die Wahrscheinlichkeit, dass sie unter dem Baum liegen.

Innere Bilder, die sich auf die Zukunft beziehen, nennt man *Visionen*. Das lateinische Ursprungswort *visio* deutet darauf hin, dass Wünsche eine Gestalt annehmen, die so konkret ist, dass man sie in seiner Vorstellung »sehen« kann.

Wenn Sie Ihr Wunder »sehen«, dann geben Sie sich eine

Chance, irgendwann dort »anzukommen«. Nur wenige Menschen würden auf die Idee kommen, in einen Zug zu steigen, ohne den Namen der Zielhaltestelle zu kennen. Bei der Lebensreise verhält es sich meinem Eindruck nach leider oft anders!

Selbstverständlich kann eine Vision nur ein schwammiges Bild sein, vielleicht eine Art Aquarell. Durchplanen lässt sich das Leben nicht bis ins letzte Detail, auch wenn das menschliche Grundbedürfnis nach Kontrolle uns dies gerne vorgaukelt.

Eine Vision produziert eine »Hin zu–Motivation«. Das Handeln im Hier und Jetzt bekommt eine Richtung. Eine Vision lässt Bilder entstehen, die Vorfreude auf die Zukunft machen – nicht mehr und nicht weniger. Gönnen Sie sich diese Vorfreude!

Wie sieht Ihr persönliches Wunder aus? Was, wenn alles in Ihrem Leben so liefe, wie Sie es sich wünschen? Trauen Sie sich! Seien Sie heimlich maßlos! Malen Sie sich Ihr Wunder aus, und zwar in den buntesten Farben:

### Übung: Mein persönliches Wunder

Stellen Sie eine angenehme Situation her, in der Sie ganz für sich sind und nicht gestört werden. Blocken Sie sich ca. 15 Minuten Zeit. Stellen Sie sich folgende Fragen:

Nur mal angenommen, Sie gehen heute Abend ins Bett, schlafen wie üblich ein, und über Nacht würde Ihr persönliches Wunder wahr werden.

- Woran würden Sie dies am nächsten Morgen als Erstes erkennen?
- Woran noch?
- Wenn der erste Tag nach der Erfüllung Ihres Wunders verfilmt würde, was wäre genau in dem Film zu sehen?
- Wie würden Sie aussehen? Welche Körperhaltung, welcher Gesichtsausdruck?
- Was würden Sie machen?
- Was würden Sie lassen?
- Welche Person würde als Erstes von Ihrem Wunder mitbekommen? Wie wäre die Reaktion dieser Person?
- Wer würde es noch bemerken? Wie würden diejenigen reagieren?
- Wie würden Sie sich am Tag eins nach Ihrem Wunder fühlen?
- Malen Sie sich alles so konkret wie möglich aus. So konkret, dass Ihre Beschreibung einem Regisseur als Drehbuch dienen könnte, mit dem er Ihr Leben nach dem Wunder verfilmt.

---

! Wunder können sich übrigens immer mal verändern. Es lohnt sich also, das eigene Wunder-Szenario hin und wieder auf Aktualität zu prüfen.

! Achtung: So mancher konkreter Träumer hat sich bereits erschreckt, als Teile seines Wunders plötzlich wahr wurden.

Stellen Sie sich nun Ihr bisheriges Leben einmal als eine Linie vor. Diese Linie besteht bereits und hat Sie bis zum heutigen Tag geführt. Sie wird sich fortsetzen, wie lang auch immer. In der folgenden Übung beschäftigen Sie sich mit der Strecke, die vor Ihnen liegt, und zwar zum Anlass Ihrer »runden« Geburtstage (z.B. dem dreißigsten, vierzigsten, fünfzigsten, sechzigsten, siebzigsten, je nach Optimismus auch dem achtzigsten, neunzigsten, hundertsten). Runde Geburtstage sind für viele ein willkommener Anlass, innezuhalten und das eigene Leben in Augenschein zu nehmen. Genau darum geht es jetzt.

## Übung: Mein Geburtstags-Kino

Schließen Sie die Augen. Machen Sie sich bewusst, wie alt Sie in diesem Moment sind. Gehen Sie dann in Ihrer Vorstellung in die Zukunft und stellen Sie sich vor, wie Sie Ihren nächsten runden Geburtstag feiern (Beispiel: Sie sind zum Zeitpunkt der Übung 36, dann stellen Sie sich Ihren 40. Geburtstag vor, wenn Sie jetzt 54 sind, konzentrieren Sie sich auf den 60. Geburtstag).

Stellen Sie sich zu diesem Tag folgende Fragen:

- Ist jemand bei Ihnen? Wenn ja, wer? Wo feiern Sie? Auf welche Art? Wie ist Ihre äußere Erscheinung? Welche Bilder würde man mit einer Kamera aufnehmen können? Was wäre zu sehen? Welche Gefühle kommen in Ihnen hoch? Fühlen Sie sich wohl? In welcher Lebenssituation befinden Sie sich in diesem Alter? Wo und wie leben Sie? Mit wem? Welche Gefühle herrschen in diesem Lebensabschnitt vor? Welche Themen beschäftigen Sie? Wie ist es um Ihre Gesundheit bestellt?
- Setzen Sie Ihre Vorstellungsreise fort, gehen Sie in Ihrer Fantasie weiter durch Ihre Zukunft bis zum nächsten runden Geburtstag. Stellen sich dazu wieder die oben genannten Fragen.
- So machen Sie es bis zu Ihrem 100. Geburtstag (oder weiter, wenn Sie möchten!).
- Freuen Sie sich auf diese Zukunft? Möchten Sie so Ihre Geburtstage verbringen? Schreiben Sie Ihre – ganz ehrliche – Antwort auf!

## Die Frage nach dem Wozu: Ihre Mission

Mit Ihrer Vision malen Sie ein Bild von Ihrer Zukunft, auf das Sie sich freuen können. Bei Ihrer Mission geht es um Ihren tiefen Lebenssinn, um das Wozu – oder anders gefragt:

- *Welche Spuren möchten Sie auf dieser Welt hinterlassen, wenn Sie einmal nicht mehr leben?*
- *Wozu sind Sie eigentlich auf der Welt?*

Das Wort Mission hat seinen Stamm im lateinischen Wort *mittere* (entsenden, schicken) und bedeutet soviel wie *Auftrag* oder *Aufforderung zu einer bestimmten Handlung.*

Die Frage nach der eigenen Mission kann nur jeder für sich beantworten, sie ist höchst persönlich.

Angesichts der Tatsache, dass unsere Lebenszeit begrenzt ist und dass wir im Alltag diese Tatsache nur allzu gerne ausblenden, kommt es oft zu Reaktionen wie: »Ach hätte ich doch!«, »Wäre ich doch!«, »Wenn ich noch könnte, dann würde ich«.

Wie oft lesen und hören wir von todkranken Menschen, dass das Leben für sie wieder »Sinn-voller« geworden ist, weil sie auf das für sie Wichtige gestoßen sind. Muss denn erst eine tödliche Krankheit kommen, um uns auf das Thema Lebenssinn zu stoßen, oder geht es auch anders?

! Stellen Sie sich diese(r) Frage! Trauen Sie sich! Es lohnt sich!
Wie oft habe ich schon (mit-)erlebt, dass allein der Prozess, sich diese Frage zu stellen, bereichernd und sinnstiftend sein kann! Denn das Schöne daran, wenn Sie sich jetzt mit dieser Frage beschäftigen, ist: Sie haben noch eine faire Chance, Ihre Mission zu erfüllen!

Hier meine Einladung an Sie, sich – hoffentlich bei bester Gesundheit – aus freien Stücken mit dem Verwendungszweck Ihrer kostbaren Lebenszeit zu beschäftigen:

## Übung: Meine Beerdigung

Nehmen Sie sich ausreichend Zeit (mindestens eine Stunde), stellen Sie potenzielle Störquellen ab. Sorgen Sie dafür, dass Sie anschließend keine Termine haben, um allen Empfindungen Raum zu geben, die sich möglicherweise melden werden.

Stellen Sie sich nun vor, Ihr Leben, Stand heute, sei zu Ende gegangen. Sie sind Zeuge Ihrer eigenen Beerdigung. Fragen Sie sich:

- Wer wird anwesend sein?
- Wer wird besonders betroffen sein und warum?
- Wer wird Ihre Grabrede halten (auch mehrere Personen möglich)?

- Was sagen diese Personen über Sie und Ihr Leben?
- Was wird leider nicht gesagt?
- Was wird auf Ihrem Grabstein stehen? Beschränken Sie sich auf einen Satz.
- Wie wäre der Text einer Traueranzeige, die Ihren Beitrag (bis dato) auf dieser Welt würdigt?

Schreiben Sie sich die Antworten auf. Lassen Sie alle aufkommenden Empfindungen zu. Vielleicht spüren Sie das oben beschriebene Gefühl der Tragik. Vielleicht sind Sie gerührt. Vielleicht sind Sie traurig, dass Ihr Leben irgendwann zu Ende geht. Oder es tauchen ganz andere Gefühle auf wie z.B. Stolz und Liebe. Lassen Sie alles zu, was sich meldet, und schreiben Sie es auf.

Fragen Sie sich dann:

- Wie »passt« Ihnen Ihr Vermächtnis? Geht es in die gewünschte Richtung? Fühlen Sie sich in Ihrer Lebensleistung gewürdigt? Oder fehlen Aspekte, die Sie noch nicht verwirklichen konnten? Was müsste die Welt noch von Ihnen erfahren, damit Sie die Spuren hinterlassen, die Sie möchten?

## Vom Träumer zum Projektmanager: Die Ziele

*Geist, ich will nicht dieser Mensch sein,*
*der ich ohne Euer Einschreiten geworden wäre!*
*Warum zeigst du mir das,*
*wenn es keine Hoffnung mehr gibt?*
*… Gib mir die Gewissheit, dass ich durch*
*ein anderes Leben die Schattenbilder vertreiben kann,*
*die du mir gezeigt hast!*
*… O sage mir, dass ich die Schrift auf diesem Stein*
*auslöschen kann!*

Aus: Charles Dickens, *Ein Weihnachtsmärchen*

Das Zitat hat Dickens dem alten grantigen Geizhals Ebenezer Scrooge in den Mund gelegt, der mithilfe von Geistern die Gelegenheit hatte, auf sein vergangenes, gegenwärtiges und zukünftiges Leben zu schauen.

Das, was er dort sah, erschreckte ihn so sehr, dass er in seinem Leben ein paar Dinge unmittelbar änderte. Denn so sollte SEINE Geschichte auf gar keinen Fall ausgehen!

- *Wie soll Ihre Geschichte enden?*
- *Welche Kapitel müssen bis dahin noch geschrieben werden?*

Wir sind nun an dem Punkt angelangt, an dem Sie konkrete Schritte planen können, damit Ihre Geschichte eines Tages für Sie stimmt.

*Und was das Beste und Schönste war:*
*Auch die Zeit, die vor ihm lag, gehörte ihm.*
Aus: Charles Dickens, *Ein Weihnachtsmärchen*

Ebenezer Scrooge wusste, was in seinem Leben noch zu tun war: Es packte ihn eine unbändige Freude. Er eilte los, lachte, freute sich über die Dinge, die er sah, war freundlich und großzügig zu den Menschen, die er früher verhöhnt hatte.

Was müssten Sie in Ihrem Leben noch erledigen, damit das Fazit nach Ihrem Geschmack ausfällt?

## Übung: Next Steps I

Schauen Sie noch einmal auf Ihre Ergebnisse der vorangegangenen Übungen (insbesondere: *»Mein Beziehungsnetz«, »Mein Rollenkuchen«, »Hitliste meiner persönlichen Bedürfnisse«, »Mein persönliches Wunder«, »Mein Geburtstags-Kino«, »Meine Beerdigung«*)

- Welche Differenzen erkennen Sie zwischen Ihrem aktuellen Fazit und dem, wie Sie es gerne hätten?
- Leiten Sie daraus zwei Lebensziele ab.

1. ______________________________

2. ______________________________

Beispiele:

- Herr G. hat in seinem Wunder eine Familie gesehen, die ihn zuhause liebevoll begrüßt. In seinem aktuellen Leben gibt es derzeit keine feste Liebesbeziehung, nur gelegentliche Affären, die ihn eher unzufrieden machen. Durch die Beschäftigung mit seiner Vision entwickelt er eine Sehnsucht nach einer verbindlichen Partnerschaft (1) und eigenen Kindern (2).

- Sie erinnern sich an Frau S.? Ihr war bei dem Vergleich von Ist- und Wunschkuchen aufgefallen, dass sie für ihren Geschmack zu wenig Zeit in ihren Rollen als Partnerin und Freundin verbrachte. Ihre Visionsarbeit bestätigte dies: Sie sah sich an ihrem 70. Geburtstag mit ihrem Mann und ihren Freundinnen innig verbunden. Frau S. nahm sich als Lebensziele vor, die Partnerschaft mit ihrem Mann (1) sowie die Freundschaften zu ihren zwei besten Freundinnen (2) zu pflegen.

- Herr T. war bei der Übung »Mein Geburtstags-Kino« sichtlich bewegt, da er stark daran zweifelte, ob er seinen 70. Geburtstag bei seinem aktuellen Gesundheitszustand und Lebenswandel – er hatte zwei Herzinfarkte hinter sich und rauchte eine Schachtel Zigaretten am Tag – überhaupt noch erleben würde. Er nahm sich vor, nicht mehr zu rauchen (1) und sich regelmäßig zu bewegen (2).

- Frau M. fehlte etwas, als sie in der Übung »Meine Beerdigung« den Grabreden »zuhörte«. Sie war eigentlich ganz zufrieden mit ihrem Sachbearbeiterjob, ihrer Familie, ihrer Gesundheit, aber das könne es doch nicht gewesen sein! Beim Abgleich mit der Hitliste ihrer Grundbedürfnisse sah sie es ganz klar: Ihr ausgeprägtes Idealismus-Motiv wurde in ihrem Leben bisher von ihr »übersehen«. Sie hatte schon immer ein tiefes inneres Bedürfnis, sich für andere Menschen zu engagieren, ist dem jedoch bisher kaum nachgegangen, abgesehen von ihrer Funktion als Klassensprecherin damals in der Schule. Aus dieser Erkenntnis leitete sie folgende Ziele ab: (1) Mitwirken bei einer gemeinnützigen Organisation und (2) persönliches Engagement in der Schule ihrer Kinder.

## Einflussbereich ist nicht gleich Interessenbereich

Bevor Sie im nächsten Schritt für sich überlegen, wie Sie Ihren Zielen näherkommen, möchte ich Ihnen noch eine wichtige Unterscheidung vorstellen, nämlich diejenige zwischen Einfluss- und Interessenbereich nach S. R. Covey. Diese kann Ihnen nämlich dabei helfen, sich Ziele zu stecken, die Sie auch tatsächlich zu 100 Prozent erreichen können und Ihnen damit viel Frust ersparen.

Stellen Sie sich zwei Ballons ineinander vor, wie in der folgenden Abbildung dargestellt:

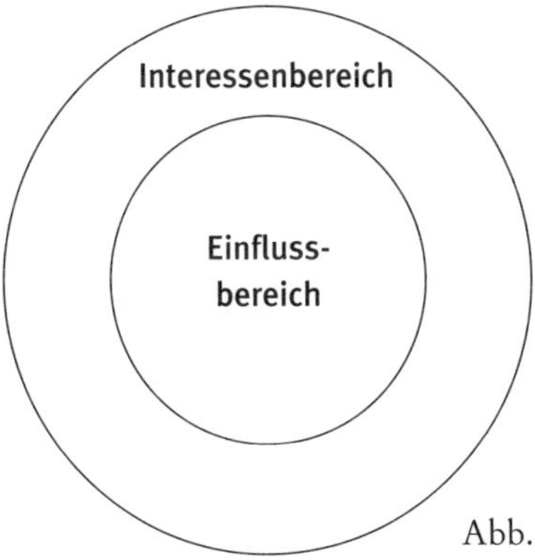


Abb. 1

- Der innere Ballon stellt Ihren *Einflussbereich* dar, das sind die Dinge und Angelegenheiten, die Sie selbst beeinflussen können, z. B. wann Sie morgens aufstehen, was Sie anziehen, ob und was Sie frühstücken, ob Sie einen Regenschirm mitnehmen, was Sie zu anderen Menschen sagen und wie sie es sagen, wie schnell Sie Auto fahren usw.

- Der äußere Ballon zeigt Ihren *Interessenbereich*, dieser verkörpert die Angelegenheiten, die für Sie zwar interessant sind, aber die Sie nicht (mehr) unmittelbar beeinflussen können, z.B. das Wetter, die Schwächen Ihrer Partnerin, das Verhalten Ihres Chefs, die Weltpolitik, Ihre Erziehung, Ihre vergangenen Entscheidungen usw.

Je mehr Energie Sie darauf verwenden, Dinge beeinflussen zu wollen, die in Ihrem Interessenbereich liegen, desto frustrierter sind Sie. Wie viele Gespräche werden tagtäglich über das Wetter, das Schicksal anderer Leute oder die Ergebnisse des Lieblingsfußballvereins geführt und wie oft erzeugen diese Gespräche schlechte Laune und Hilflosigkeit! Gleichzeitig steht Ihre Energie nicht zur Verfügung, um Dinge zu beeinflussen, die Sie selbst in der Hand haben. Es geht Ihnen quasi Energie für Ihre Lebensziele »verloren« – in der Abbildung würde das bedeuten, dass Sie Luft in den äußeren Ballon pumpen und damit Ihren Einflussbereich schwächen (Abbildung 2).

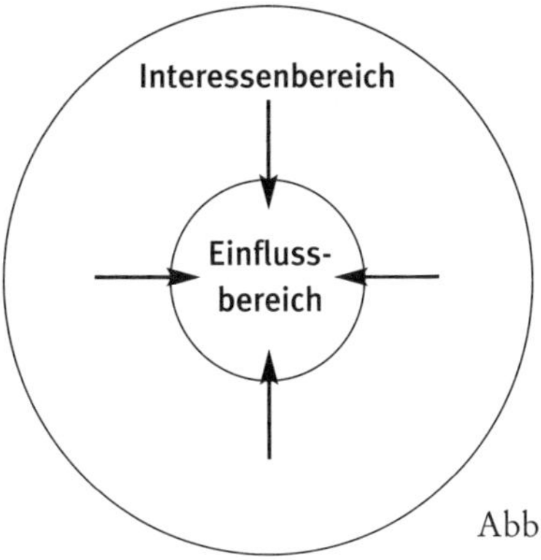


Abb. 2

Konzentrieren Sie sich jedoch auf Fragestellungen, die Sie tatsächlich beeinflussen können, erreichen Sie etwas und erzielen Ergebnisse. Durch das Tun und Üben wachsen vermutlich Ihre Erfahrungen, Kenntnisse und Fähigkeiten, so dass Ihr Einflussbereich wächst – der innere Ballon wird aufgepumpt (Abbildung 3).

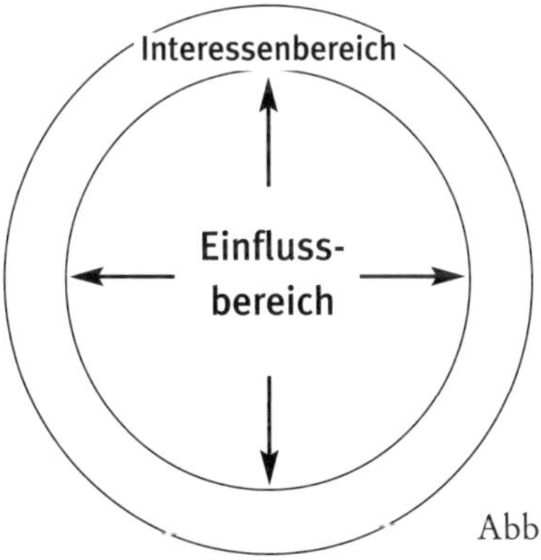


Abb. 3

Mit der Unterscheidung zwischen Einfluss- und Interessenbereich im Hinterkopf geht es jetzt darum, konkrete nächste Schritte zu überlegen, die die Wahrscheinlichkeit erhöhen, dass Sie Ihren Lebenszielen näherkommen.

## Übung: Next Steps II

Überlegen Sie für jedes Ihrer beiden Lebensziele aus Next Steps I:

- Was kann ich heute unternehmen, damit ich diesem Ziel ein Stückchen näherkomme?
- Prüfen Sie: Kann ich diesen Schritt zu 100 Prozent selbst beeinflussen? Liegt er in meinem Einflussbereich?
- Wenn Sie diese Frage mit NEIN beantworten, welchen Teilaspekt können Sie stattdessen zu 100 Prozent selbst beeinflussen?
- Sie können sich diese Schritte wie Bausteine vorstellen, die Sie zu einem Turm stapeln, um Ihrem Ziel immer näherzukommen (s. Arbeitsblatt *Next Steps*).
- Tragen Sie Ihre nächsten Schritte für jedes Ziel in das Arbeitsblatt *Next Steps* oder in Ihr Reisetagebuch ein!
- Überlegen Sie sich für jeden Schritt schon im Vorhinein: Welches Hindernis könnte Ihnen in die Quere kommen (z.B. kritische oder zweifelnde Gedanken, unrealistische Zeitplanung)? Und wie könnten Sie dieses Hindernis entkräften?

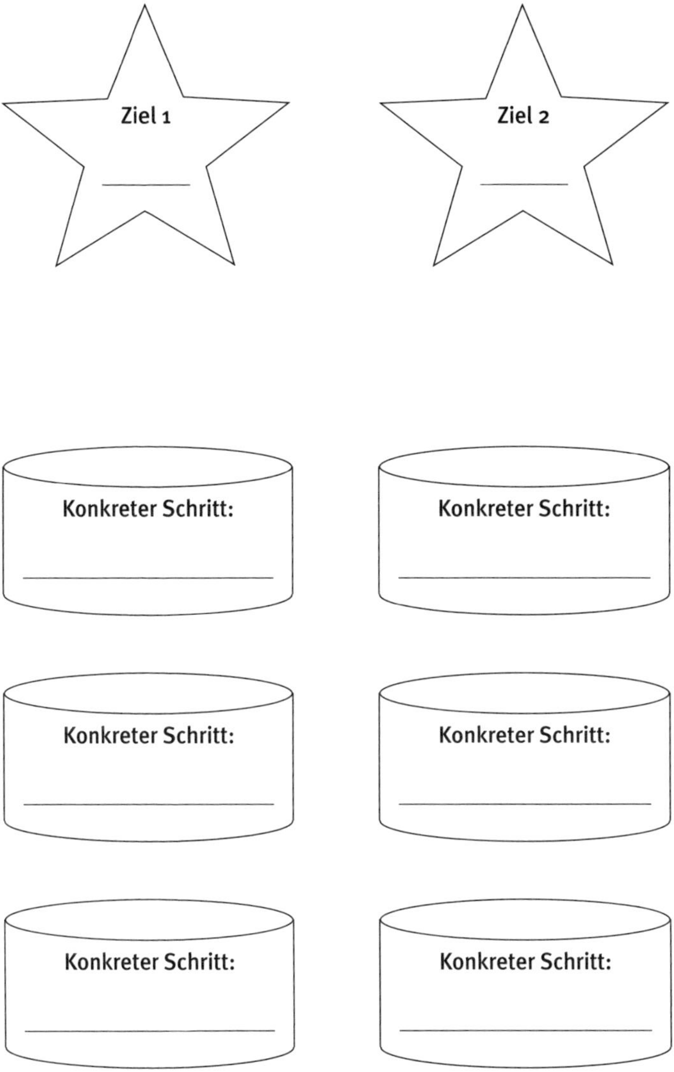
Ziel 1
Ziel 2
Konkreter Schritt:
Konkreter Schritt:
Konkreter Schritt:
Konkreter Schritt:
Konkreter Schritt:
Konkreter Schritt:

Wie lösen die Personen aus den Fallbeispielen diese Aufgabe?

- Herr G. fragte sich: Welche drei konkreten Schritte, die er selbst beeinflussen kann, erhöhen die Wahrscheinlichkeit, dass er eines Tages eine eigene Familie hat? Herr G nimmt sich die folgenden drei nächsten Schritte vor: (1) Die längst überfällige Trennung von der aktuellen Geliebten aussprechen. (2) An einem Abend in der Woche um 18 Uhr aus dem Büro gehen. (3) Ein regelmäßiges Hobby beginnen, um neue Leute kennenzulernen.
- Die nächsten konkreten Schritte, die Frau S. für sich aus ihren Lebenszielen »Partnerschaft pflegen« und »Freundschaften pflegen« ableitete, waren: Kinderbetreuung und Haushaltshilfe organisieren, ihre Freundinnen anrufen und ihren Mann ins Kino einladen.
- Herr T. meldete sich für ein Nichtraucherprogramm an und verabredete sich mit einem Freund zum Joggen, um seine Gesundheit zu pflegen.
- Frau M. nahm sich als nächste Schritte vor, im Internet nach gemeinnützigen Organisationen zu recherchieren und beim nächsten Elternabend ihr Engagement anzubieten.

# Willkommen zu Hause! – Nachwort

Angenommen, Sie waren *wirklich* auf Reisen, indem Sie sich auf die Übungen eingelassen haben, dann sind Sie jetzt, wenn Sie diese Zeilen lesen, mit großer Wahrscheinlichkeit bei sich angekommen – bei sich, in *Ihrem* Leben.

## Herzlichen Glückwunsch!
## Willkommen zu Hause!

Wie nach jedem Umzug haben Sie vielleicht nun das Bedürfnis, Ihr Zuhause zu gestalten und zu schmücken, damit Sie sich rundherum wohlfühlen.

Oder Sie möchten vielleicht der einen oder anderen Erkenntnis, die Sie auf Ihrer Reise hatten, weiter nachgehen.

Vielleicht steht auch der ein oder andere Umbau an.

Vielleicht spüren Sie auch, dass die Reise nicht zu Ende ist und möchten sie fortsetzen.

Scheuen Sie sich nicht, für diese Vorhaben einen Begleiter zu suchen, der Ihren Weg ein Stück mit Ihnen geht. Dieser Begleiter kann eine Freundin, ein Partner, ein Trainer, Berater, Coach oder Psychotherapeut sein.

Bedürfnisse und Visionen können sich verändern. Bleiben Sie dran. Folgen Sie sich. Bleiben Sie in Kontakt mit sich selbst.

Jede Minute, jede Stunde, jeden Tag.

# Dank

Die Übungen stammen aus meinem Methoden- und Erfahrungsschatz, der auf vielen guten Büchern, hilfreichen Ausbildungen, inspirierenden therapeutischen Modellen und nicht zuletzt auf unzähligen spannenden Erfahrungen mit meinen Klienten beruht.

Ich danke von ganzem Herzen allen Menschen, die mir über die menschliche Art zu fühlen, zu denken und zu handeln etwas beigebracht haben.

Ich danke meinen Freundinnen für die guten Gespräche über das Leben.

Und ich danke meiner Familie, vor allem Markus, der mich unermüdlich inspiriert.

## Feedback und Kontakt:

www.praxisdrbrand.de

# Literatur

Falls Sie bestimmte Themen besonders interessieren, habe ich folgende Empfehlungen für Sie zum Weiterlesen:

## Allgemein

Fritsch, G.R. (2009). Praktische Selbst-Empathie. Junfermann.

Potreck-Rose, F. (2003). Selbstzuwendung, Selbstakzeptanz, Selbstvertrauen. Klett-Cotta.

## Achtsamkeit

Kabat-Zinn, J. (2009). Im Alltag Ruhe finden. Fischer Verlag.

Thich Nhat Hanh (2004). Jeden Augenblick genießen. Übungen zur Achtsamkeit. Theseus.

## Äußere Erscheinung

Legenbauer, T. & Vocks, S. (2005). Wer schön sein will, muss leiden? Hogrefe.

## Bedürfnisse

Brand, M. & Ion, F. (2008). 30 Minuten für mehr Work-Life-Balance durch die 16 Lebensmotive. Gabal.

Reiss, S. (2009). Wer bin ich und was will ich wirklich? Redline.

www.institut-fuer-lebensmotive.de

www.reissprofile.eu

## Gedankenwelt

Dehner, R. & Dehner, U. (2006). Steh dir nicht im Weg! Mentale Blockaden überwinden. Campus.

Schwartz, D. (2002). Gefühle verstehen und positiv verändern. CIP-Medien.

Stavemann, H. (2001). Im Gefühlsdschungel. Emotionale Krisen verstehen und bewältigen. Beltz PVU.

## Persönliche Geschichte

Grossmann & Grossmann (Hg.) (2009). Bindung und menschliche Entwicklung: John Bowlby, Mary Ainsworth und die Grundlagen der Bindungstheorie. Klett-Cotta.

Jung, C. G. (1990). Archetypen. dtv.

Young, J. & Klosko, J. (2006). Sein Leben neu erfinden. Junfermann.

### Rollen

von Brüggemann, H., Ehret-Ivankovic, K., Klütmann, C. (2009). Systemische Beratung in fünf Gängen. Ein Leitfaden. Vandenhoeck & Ruprecht.
Niermeyer, R. (2008). Mythos Authentizität. Campus.
Schulz von Thun, F. (2004). Das innere Team in Aktion. rororo.

### Vision, Mission, Ziele

Covey, S. R. (2009). Die 7 Wege zur Effektivität: Prinzipien für persönlichen und beruflichen Erfolg. Gabal.
De Shazer, S. (2009). Worte waren ursprünglich Zauber: Von der Problemsprache zur Lösungssprache. Carl-Auer.

### Quellennachweis Zitate

Carroll, L. (1999). Alice in Wonderland. Dt.: Alice im Wunderland, z.B. Reclam (1999).
Claudius, M. (1740–1815). Urians Reise um die Welt.
Dickens, C. (1843). A Christmas Carol in Prose, Being a Ghost Story of Christmas. Dt.: »Eine Weihnachtsgeschichte«, z.B. Thienemann Verlag (2009).
Frisch, M. (1954). Stiller. Suhrkamp.

Naumann, L. et al. Personality Judgments Based on Physical Appearance. *Personality and Social Psychology Bulletin,* December 2009.
Nooteboom, C. (1985). Rituale. Suhrkamp.
de Saint-Exupéry, A. Die Stadt in der Wüste.
Sebe, N. Software decodes Mona Lisa's enigmatic smile. *New Scientist 17,* December 2005.
Shakespeare, W. Wie es Euch gefällt.
Watzlawick, P. (2003). Anleitung zum Unglücklichsein. 16. Aufl. Piper.